現場感覚に強い
コンサルが教える

建設業の
事業性評価と
課題解決

［著者］

四国大学経営情報学部 教授
株式会社みどり合同経営 取締役
藤井 一郎

株式会社みどり合同経営 専務取締役
澤田兼一郎

ビジネス教育出版社

はじめに

　2013 年に地域金融機関にとって重要な取組みである「事業性評価」が示されました。そこから約 7 年が経過する中で、地域金融機関は、「事業性評価」を生かし、個別企業の経営課題に応じたコンサルティング機能を発揮し、中堅、中小企業の成長に寄与することを強く求められています。

　執筆者は長年、地域金融機関の職員様と連携しながら、中小企業の経営コンサルティングを行っています。その中で感じるのは、地域金融機関の職員の方の持つ知識、経験は、中小企業の経営に大きく貢献できる可能性があるということです。そして、その可能性を確実なものにし、企業の成長に真に寄与する支援をしていくためには、業界、業種、個別企業の目利き力と強みに着目した視点を強化することが必要だと、強く感じています。

　特に建設業は、わが国の GDP の 1 割を占める業種であり、中でも中堅、中小建設業は地域金融機関の取引先として大きなシェアを占める業種です。本書では、そうした中堅、中小建設業における経営課題について、本当の意味で地域金融機関の職員の方が支援できるように、業界環境、業種の特色だけでなく、経営コンサルタントの目利きのポイントや経営課題の具体的な支援策など、多角的に解説しています。

　まず、第 1 章において、地域金融機関の職員の方と経営コンサルタントの目線の違いを明らかにします。具体的には、中堅・中小建設企業の成長に寄与する目利きとなる前提として、「リスクと同等に企業の強みにも着目する視点が重要である」ことを、具体的に解説しています。

　第 2 章では、中堅・中小建設業を取り巻く環境やその特殊性を明らかにするとともに、「企業の実態把握のためには、どのように経営者や経理担当、現場担当者にアプローチすればよいのか」について、具体的に目利きのポイントを記載しています。

　そして、第 3 章では、第 2 章を中心に示した目利きのポイントを地域金融機関の職員の方を主人公に、事例、会話形式で解説しています。実際の会話を通して、どのようにして目利きのポイントを活用していけばよいのかが、読み進むうちに理解できるようになっています。さらに、第 2 章に戻って目利きのポイントを確認できるよう、文中に参照ページを入れていますので、復習にも役立つ構成になっています。

　本書は、実際に建設企業を担当される地域金融機関の職員の方向けに解説したものですが、本部の審査セクションの方に加え、支店営業をサポートするセクションの方

にも大いに役立つ書と自負しています。というのも、本書でも記しているように、今や中小企業の経営支援のテーマは、いわゆる破綻懸念先や要注意先の経営改善にとどまらず、正常先企業の成長戦略につながる支援が求められるようになっているからです。

　正常先、いわゆる「良い企業」は、担当される職員の方にとって敷居が高く、ともすると「お願い営業」になりがちです。しかし、グローバル経済においては、良い企業であろうと、事業性評価を行い、経営課題に応じた支援をしていかなければ、企業間競争を勝ち抜くことはできないのです。

　本書によって、そうしたスキルを身につけていただくことで、地域の中堅・中小建設業に新たな経営革新の風を吹き込んでいただければ、筆者として望外の喜びです。

2020 年 2 月

筆者代表 澤田　兼一郎

目　次

第 **1** 章

融資量を求める営業から、企業のライフステージに応じた支援へ

I 地域金融機関が抱える課題と解決の方向性

　地域金融機関が抱える課題を考えていく上で、今や「事業性評価」は重要なポイントになっています。そもそも「事業性評価」という言葉が初めて用いられたのは、2013年に閣議決定された「日本再興戦略改訂（2013）」においてです。その中で、「地域金融機関等による事業性を評価する融資の促進等」という文言が初めて登場しました。そして、同年9月には、これを受けて「金融モニタリング基本方針」が公表され、実際に金融機関において事業性評価にかかるモニタリングが開始されます。そうした中で今、特に地域金融機関の取組みが注目されているわけです。

　もっとも、急に「事業性評価」が始まったわけではありません。その源流は2003年3月に金融庁から発表された「リレーションシップバンキングの機能強化に関するアクションプログラム―中小・地域金融機関の不良債権問題の解決に向けた中小企業金融の再生と持続可能性（サスティナビリティー）の確保」（以下リレバン）に遡ります。このリレバンにおいて、「中小企業向け融資においては財務諸表のような定量的情報に加えて、企業の強みや経営者の資質のような定性的情報が重要である」と明記され、そこからずっと発展してきたというのが一連の流れです。そういう意味では、「事業性評価」はリレバンの集大成の言葉と言っても過言ではないのです。

図表 1 - 1　地域金融機関に関連する金融行政

リレバン	2002年10月	金融再生プログラム
	2003年3月	リレーションシップバンキングの機能強化に関するアクションプログラム（03〜04年度） ⇒リレーションシップバンキングの機能を強化し、中小企業の再生と地域経済の活性化を図るため各種の取組みを進めることによって不良債権問題も同時に解決。リレーションシップバンキングの機能強化計画の提出。
	2005年3月	地域密着型金融の機能強化の推進に関するアクションプログラム（05〜06年度）
	2007年8月	監督指針の改正（時限プログラムから恒久的な枠組みへ）
危機対応	2008年9月	リーマンショック
	2009年12月	金融円滑化法施行（〜2013年3月）
事業性評価	2013年6月	日本再興戦略　改定2014
	2013年9月	金融モニタリング基本方針 （事業性評価にかかるモニタリング開始）
	2015年9月	金融行政方針

出所：金融庁「これまでの金融行政における取組みについて」平成27年12月21日に一部追記

こうした流れがある一方で、周知の通り2019年４月には「金融検査マニュアル」が廃止されました。金融検査マニュアルは、1997年７月に金融監督庁（現金融庁）が金融機関の経営全般の健全性を検査する際の指針として制定したものですが、実際の検査に使用されるのは1999年度からです。しかし、マニュアルに基づいて債務者区分を厳しく評価したことによって、中小・零細企業の経営に支障が出ているとの批判が出たことから、2002年６月に別冊「中小企業融資編」が制定されます。その中で新たに明記されたのが、「中小企業では定性的情報が重要である」という一文です。

こうした経緯を経て今回、金融検査マニュアルが廃止されたわけですが、その主な理由は、「画一的なマニュアルにより金融機関の企業の本質を見極めない融資姿勢が散見されること」「どうしても過去実績や担保や保証に依存した融資姿勢の是正されないこと」だとされています。つまり、今後は地域金融機関ごとに地域性や企業の特色を見極めて、事業性を評価することで、融資をしていくことが求められます。

また、金融庁は2015年度と2018年度に、事業性評価の取組みについて、中小企業向けのヒアリングとアンケート調査を実施しています。2015年度の調査では、メインバンクを選択する理由を聞いていますが、その結果を見るとヒアリングでは、「貴社や事業に対する理解」が１番目の理由であり、アンケートでは「自社や自社の事業に対する理解がある」が３番目となっています。ここから「事業を理解した上で、経営に役立つ情報提供、提案してくれることを求めている」ことが読み取れます。

図表１－２　金融庁平成27年度中小企業向けヒアリング、アンケート調査

- 企業ヒアリングでは、メインバンクの選択理由は「貴社や事業に対する理解」が最も多く、「融資の金利」の約3倍。
- アンケート調査でも同様、「事業に対する理解」が「融資の金利」の約3倍。さらに、アンケート調査では、小規模企業を対象としていることを反映し、「事業に対する理解」のほか、「長年の付き合い」や「支店が近くにあるから」といった回答が多く見られる。

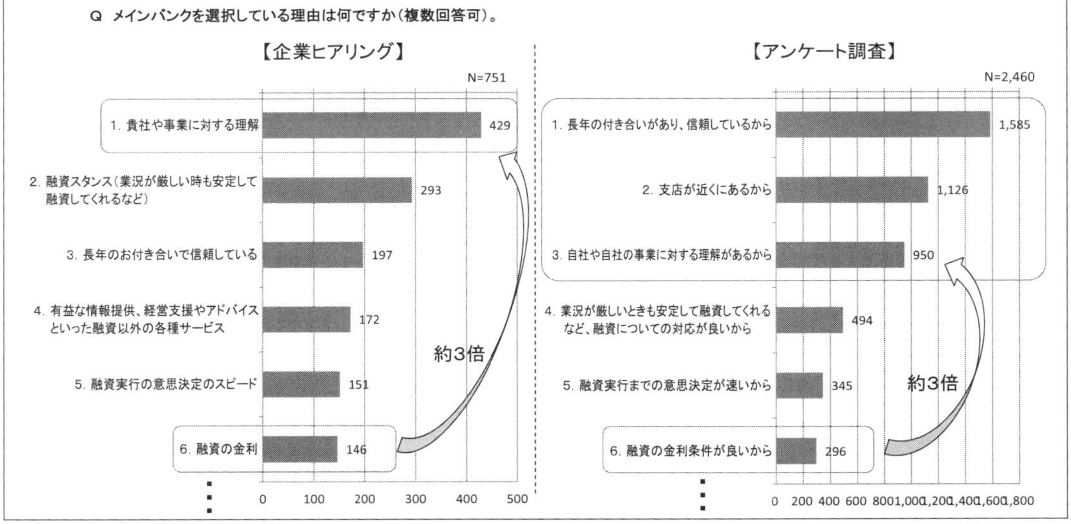

出所：金融庁「平成27年度ヒアリング及びアンケート調査の結果～融資先企業の取引金融機関に対する評価」

一方、2018年のアンケートでは、

「昨年と比べて、貴社の取引金融機関は、貴社の経営上の課題や悩みを良く聞いてくれるようになりましたか？」

「昨年と比べて、貴社の取引金融機関は、貴社の経営上の課題を分析し、その結果を貴社に伝えてくれるようになりましたか？」

図表1-3　金融庁平成30年度アンケート調査

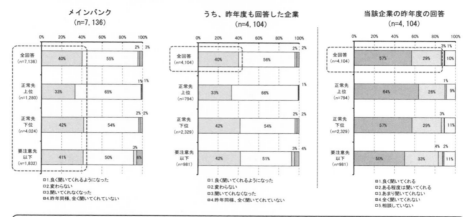

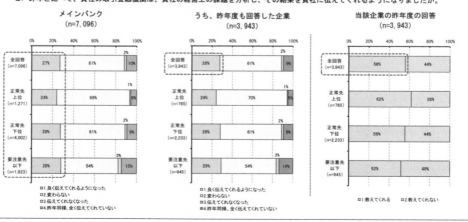

出所：金融庁「平成30年度アンケート調査」

という質問があります。この質問の金融庁の意図は「事業性評価をした上で、取引企業に対してフィードバックを行い、それを実際の融資やコンサルティングにつなげる」ことが、今後の地域金融機関が勝ち残っていく方向性である、ということが見てとれます。このような背景に鑑みれば、今後、地域金融機関が勝ち残るためには事業性評価が最大の課題となると言っても過言ではありません。

　本書の執筆担当者は、長年にわたって地域金融機関の方と連携しながら中小企業の経営支援を行ってきた者ばかりです。その経験から、地域金融機関において、実際に事業性評価に取り組み、それを中小企業の経営支援に活かし、最終的に成果に結びつける解決の方向性は、1つしかありません。それは、金融機関にお勤めの中小企業のご担当職員の方の意識変化です。具体的にあげると、次の3つの意識変化が不可欠です。

　1．企業の全体像と業種を理解し、目利き力を高めていく。
　2．そのためには、個別金融商品に特化したスペシャリスト的な視点だけでなく、以前の地域金融機関の職員の方が求められていた企業の全体像を把握することができるゼネラリストの視野を持つ意識が必要である。
　3．さらに、企業の問題点（リスク要因）を中心に検証していく視点から、同じレベルで企業の良い点（競争優位性につながるような要因）も見ていく視点が必要である。

　前述した通り本書の執筆担当者は、長年にわたって中小企業の支援を行ってきましたが、その内容は大きく変化しています。具体的に言うと、以前は財務や業績がすこぶる悪い企業の支援が中心でした。しかし、最近では「貸借対照表はさほど痛んでいないが、損益計算書がここ数年良くない」、「資産背景も良好で業績も悪くないが、今後の事業継続に向けた方向性が見えない」といった企業の支援が多くなっています。つまり、単純な問題点の改善によって業績が良くなる経営課題の支援から、企業の持続性や成長などの戦略目線（中長期的な視野が必要な）の支援に高度化してきています。おそらくこうした変化を、本書を手にしている地域金融機関の職員の方も感じているのではないでしょうか。

　いずれにしても、経済がグローバル化する中で、中小企業の経営課題は高度化しています。そうした状況に鑑みれば、事業性評価も以前の「問題点（リスク）」を重点に置いた目線から、「良い点（競争優位性につながるような要因）」を見ていく、経営コンサルタント目線が必要になるのは明らかです。経営コンサルタント目線とは、例えば、経営戦略を検討する上で、「外部環境の追い風を捉え、いかに自社の強み生かして競争優位性を作りだし、成長、勝ち残りをしていくのか」という目線です。つまり、今後求められる事業性評価においては、どのような目線で取り組むことがベストなのかを的確に提示する必要があるのです。以下、経営コンサルタントの視点について、具体的に見ていきましょう。

II 経営コンサルタントは、どのような視点で 企業へアプローチをしていくのか

　コンサルティング機能の強化が求められるようになり、経営コンサルタントと一緒に仕事をした経験がある、地域金融機関の職員の方も結構いらっしゃるのではないでしょうか。その中でも地域金融機関の職員の方が感じている、地域金融機関と経営コンサルタントとの視点の違いは、「その企業の強みを生かし、外的環境に対応し、将来を如何に変えていくのか」ということに経営コンサルタントが重点を置いていることではないかと思います。

　今や地域金融機関においても、事業性評価が求められる中で、SWOT 分析を活用しているところは少なくないと思います。そうした中で、経営コンサルタントが一番重視しているのは、以下の取組みです。すなわち SWOT 分析からクロス SWOT に展開することで、「強み」と「機会」が重なる部分を明確にし、そこを優先的に検討する。そして、それをもとに将来の勝ち残りの方向性を見定めていくという取組みです。

図表 1 － 4　クロス SWOT

　なぜ、こうした取組みを優先的に検討するかというと、弱みや問題点の解決だけでは、厳しい業界環境の中で勝ち残っていくことはできないからです。地域金融機関の職員の方とともに、中小企業の経営支援に関与する時に一番感じることは、「金融機関はリスクや問題点に関する情報は膨大に持っているものの、企業が勝ち残るための強みの情報を意外に持っていないな」という点です。それは、『I．地域金融機関が抱える課題と解決の方向性』で言及することと重なりますが、「リスク管理」をメインの仕事としている地域金

融機関の職員の方の長年の癖みたいなものではないかと感じています。

　いずれにしても、建設業へのアプローチ（分析のポイント）については後述することにし、ここでは大枠のイメージを掴むために、一般的な流れを記載することにします。

1 財務面の調査

　財務面の調査は、過去の財務資料を遡り企業の財産の状況や収益力を評価していきます。

(1) 実態の純資産の評価

　ポイントは、純資産は会社の最終の当期利益に至るまでの歴史を表しているということです。純資産がマイナスになる場合（債務超過）は、その状況に至った経緯を過去の決算書を遡り、その要因を突き止めることが必要となります。「窮境要因」と言われ、経営改善においてはその要因を除去していくことで経営改善が図れるという考え方をしていきます。

(2) 実態の収益力の評価

　ポイントは、事業での収益力がどれくらいあるのかということになります。1つの事業をやっている場合でも、どの分野（取引先や製品）の収益力が高いのかを明確化していくことが重要になります。また、事業が複数にわたる場合は、部門別で収益力を算出していくことになります。もちろん会社全体で見て黒字、あるいは赤字ということも重要ですが、その中身を分析することがさらに重要です。

2 事業面の調査

　事業面は、現時点から将来について、外部環境の機会と脅威と内部環境の強みと弱みの分析をしていきます。

(1) 外部環境の評価

　外部環境を分析していく上では、マクロ環境は PEST や5フォースなどのフレームワークを活用していくと整理がしやすくなります。PEST は、政治、経済、社会、技術の4つの視点から外部環境を見ていきます。5フォースは、業界の構造分析する上での便利なフレームワークです。同業他社、新規参入、代替品、売り手（仕入先）、買い手（顧客）という5つの脅威に着目し、企業を取り巻く外部環境を見ていきます。共通するのは、企業に追い風と向かい風になる2つに分けて見ていくことになります。

(2) 内部環境の評価

　内部環境を分析していく上では、バリューチェーンのフレームワークを活用すると企業

図表1−5　PEST 分析

政治的要因：Politics	政治的な要因 →法律や行政の方針、規制など
経済的要因：Economy	経済的な要因 →インフレやデフレ、消費者動向など
社会的要因：Society	社会的な要因 →人口動向、ライフスタイル、文化、宗教など
技術的要因：Technology	技術的な要因 →技術革新（AI など）、特許など。

図表1−6　ファイブ・フォース分析

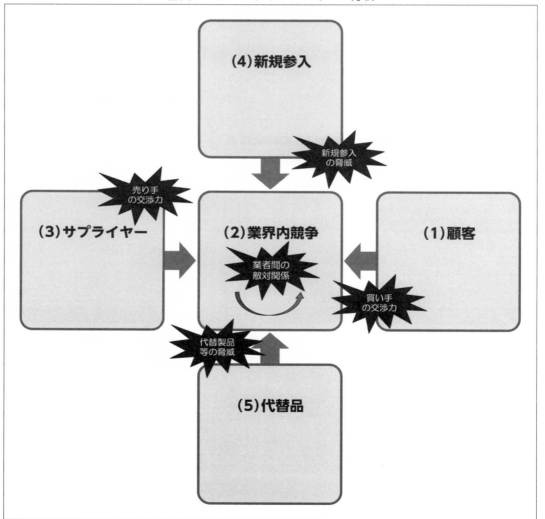

内部の全体の業務の流れや部署が整理でき、どこにその企業の強み、付加価値が生れているのか分かりやすいです。バリューチェーンは、企業内の活動を管理や人事、研究開発などの支援活動と購買物流、製造、販売、アフターサービスなどの主要活動に分け、それぞれの活動内における強みと弱みに加えて、特に、各活動のつなぎ部分のスピード感や情報共有のしくみなどの強みと弱みも見ていきます。

図表1－7　バリューチェーン分析

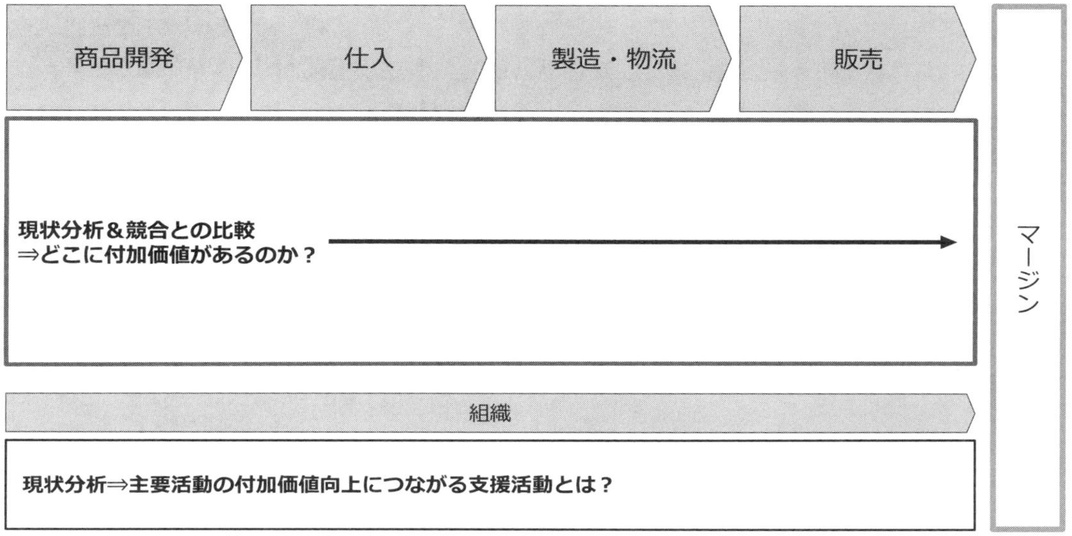

(3)　戦略提示と実現に向けたアクションプランのアドバイス（実行支援）

　過去の財務資料から評価された財務面と現在から将来を分析した事業面のそれぞれを並べて、今後の勝ち残りの戦略を提示し、それを実現していくためのアクションプランをアドバイスしていく段階です。

　戦略提示については、先述したクロスSWOTなどを活用しながら、追い風と強みが生かせる、事業分野の強化やビジネスモデルの見直し、組織体制や情報共有（ITを活用した）の戦略を明確化していきます。その上で、①戦略を実現していく、②具体的なアクションを整理し実行しチェックし修正していく、③PDCAサイクルを企業とともに回していくことになります。

　少し余談になりますが、経営コンサルティングのだいご味はどこにあるかというと、戦略の実現を支援していく「実行支援」というフェーズです。経営改善からご支援をスタートし、経常的な黒字化を図ることで、金融機関の債務者区分を正常先に引き上げることはもちろんですが、たとえ財務的に優良企業になっても、将来にわたって成長していくためには、さらなる支援が必要です。具体的には、将来の外部環境を見ながら技術や商品を開発するための支援、マーケティングや人事の見直し、さらには新規分野への参入、ビジネ

スモデルの再構築など、常に新たな戦略を構築するための支援が永続的に続きます。そうした支援をさせて頂くことが、経営コンサルティングに携わる者にとって、最も達成感が得られるのです。

　もちろん主役はあくまでも企業であり、経営コンサルタントは黒子です。しかしながら企業経営のご支援をさせて頂くことは、自分が経営をするのとは違う別の面白さがあるのです。

第2章

実態把握の進め方

I

建設業界の
業界特性と基礎知識

◆ 1　建設業を取り巻く環境

(1)　建設投資は約 58 兆円まで回復

　日本の建設投資の総額は、2020 年度見通しで 62.7 兆円という規模になっています。建設投資のピークであった 1992 年度の 84 兆円に対し、2010 年度には約半減し、その後、徐々に回復してきています（図表2－1参照）。

図表2－1　名目建設投資と GDP 比の推移

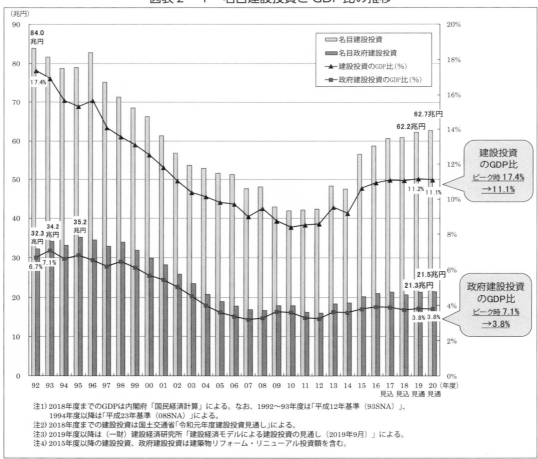

注1) 2018年度までのGDPは内閣府「国民経済計算」による。なお、1992〜93年度は「平成12年基準（93SNA）」、
　　　1994年度以降は「平成23年基準（08SNA）」による。
注2) 2018年度までの建設投資は国土交通省「令和元年度建設投資見通し」による。
注3) 2019年度以降は（一財）建設経済研究所「建設経済モデルによる建設投資の見通し（2019年9月）」による。
注4) 2015年度以降の建設投資、政府建設投資は建築物リフォーム・リニューアル投資額を含む。

資料:(一財) 建設経済研究所、(一財) 経済調査会　経済調査研究所「建設経済モデルによる建設投資の見通し（2019年9月)」

　また、建設投資がGDPに占める割合は、ピーク時には17.4％だったのに対し、一時は10％未満の水準に落ち込みましたが、足元では10.3％となっています。ただし、これは日本全体での比率であり、地域圏においては、建設業が地域の基幹産業であるところも多く、地域経済の発展や就業機会の提供に欠かすことのできない役割を担っているのが建設業であるといえます。

図表2－2　2019年度（令和元年度）建設投資の構成比

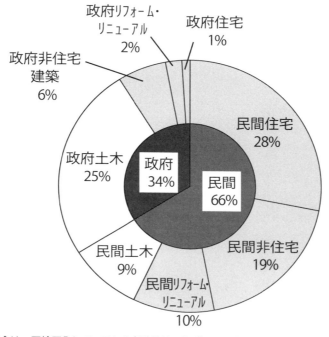

（注）各項目の割合は、四捨五入しているため合計数値は必ずしも一致しない。
資料：国土交通省総合政策局「建設統計室令和元年度建設投資見通し（2019年8月)」

　建設投資には、政府投資と民間投資の2つがあり、さらにどちらにも土木工事と建築工事があります。政府投資は公共事業の土木工事が中心になり、民間投資はマンション等を含む住宅や、ビルの建築工事が中心になります。2019年度（令和元年度）の建設投資の構成比（見通し）は、図表2－2の通り、政府投資が約34％、民間投資が約66％となっています。

　バブル崩壊後、民間建設投資が大きく落ち込む中で、これをカバーしたのが政府投資です。しかし、それも長くは続けられず、建設投資額は1997年頃から急激に落ち込み、東日本大震災の復興需要により多少の持ち直しが見られましたが、2013年度以降は横ばいが続いています。

　近年の回復は民間投資に支えられているといえますが、これも関東圏を中心としたオリンピック需要によるところが大きく、2020年以降の建設投資の先行きは不透明です。

　図表2－2の資料について、今年度より初めて、リフォーム・リニューアルの構成比が

示されました。政府投資は横ばい、民間（新築）投資も先行きが不透明な中、年々大きくなっているリフォーム・リニューアル投資・維持修繕工事への注目が高まっているといえます。建設業では、この流れを所与のものとして、その対応策を考えることが大切です。

（2）　建設業者数と建設業就業者

　約10年前、建設業については、次のようなことが言われていました。「建設投資額がピーク時からほぼ半減しているにもかかわらず、建設業許可業者数や建設業就業者数は高水準を保っている。つまり、建設業は供給過剰の状況にある」というものです。

　足元の状況も、それほど変わってはいません。ピーク時と比べ、建設投資は31.9%減少（84兆円⇒57.2兆円）しているのに対し、許可業者数は22.6%の減少（601千業者⇒465千業者）、就業者数は27.3%の減少（685万人⇒498万人）と、投資額の減少ほどに減少してはいません。しかし、一方で主に以下の2点によって、担い手不足が深刻化しています。

　1点目は、建設業の就業者の内容が大きく変わっていることです。それは、ずばり就業者の年齢構成です（2－4参照）。

　建設業の就業者は55歳以上が34.1%、29歳以下が11%と高齢化が進行しており、全産業と比較しても、高齢化の進展は顕著です。また、技能労働者のみならず、技術者の不足も顕在化しており、次世代への技術承継が大きな課題となっています。

図表2－3　建設投資、許可業者数および就業者数の推移

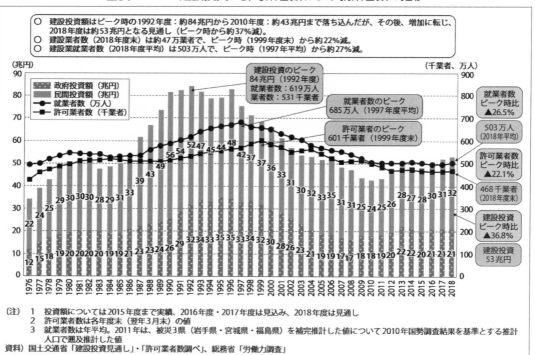

資料：国土交通省「令和元年版　国土交通白書」

20

　もう１点は、建設業の場合、品質や安全書類などの関係書類が複雑化していることです。つまり、１つの（同じ金額の）工事に対する業務量が増えたことなども影響しているものと考えられます。

図表２－４　建設業就業者の年齢構成の推移

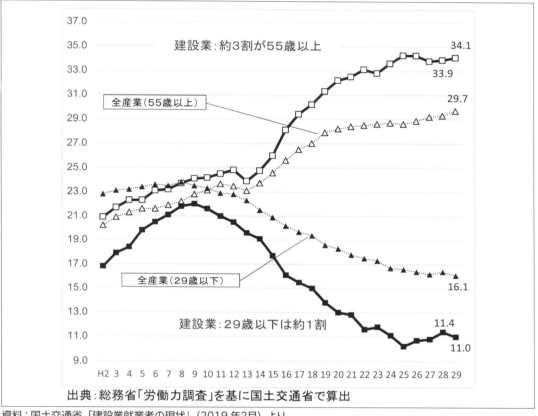

出典：総務省「労働力調査」を基に国土交通省で算出

資料：国土交通省「建設業就業者の現状」（2019年2月）より

⑶　進む外国人材の受け入れ

　上記の通り、担い手不足が深刻化している中、あらたな人材として注目されているのが外国人材です。2019年４月には、そのための制度として「特定技能」制度が施行されました。建設業も、その対象業種になっているので、今後外国人労働者の受け入れ拡大が期待されます。

　周知の通り、建設業には、従来から「技能実習」という外国人労働者の在留資格があります。にもかかわらず今回、この「特定技能」制度を新設したわけですが、それはどのような理由からなのでしょうか。

　従来の「技能実習」は、日本の技能、技術、知識を開発途上地域へ移転する人材を育てる、つまり開発途上地域の経済発展を担う人づくりを目的とする制度です。いわゆる国際貢献の一環という位置づけのため、労働者の需供調整の手段としてはならないとされてきました。

　一方、「特定技能」は不足する人材の確保を図るため、単純労働を含む外国人労働者を

受け入れるための在留資格を与えるという制度です。このように「技能実習」とは、明らかに趣旨や目的が異なります。

　なお、「特定技能」制度の場合、特定技能者と認められるためには、制度が求める技能水準に達している必要があります。具体的には、特定技能1号の場合は「相当程度の知識又は経験」が、特定2号の場合は「熟練した技能」が求められます。ただし、特定技能1号の場合、技能実習2号修了者であれば試験は免除されるため、今後、建設業の外国人材受け入れにおいては、「技能実習」資格から「特定技能」資格へ移行するという流れが主流となっていくと見込まれます。

　このように「特定技能」制度は、人手不足に悩む中小企業にとって、課題解決の一策になりうる制度だと思います。そうした意味でも、地域金融機関の職員として、実際に受入を検討するべきか、受け入れるとしたら何が必要なのか、社宅整備等先行する費用の借入のニーズがあるのかといったことについて、頭に入れておくことをお勧めします。

⑷　建設業の利益率

　建設業の営業利益率は、建設投資のピークを越えて以降、1～2％の間で、全産業平均を下回る水準が続いてきました。しかし、平成24年以降回復基調にあり、現在は約4％と、製造業との差も縮まっています。ただし、資本金階層別に見ると、資本金10億円以上の企業（資本金階層Ⅰ）の利益率が上昇基調にある一方で、資本金1千万円未満の中小・小規模企業（資本金階層Ⅳ）の利益率は下振れしたままの状態が続いています。地域金融機

図表2－5　建設業の営業利益率の推移

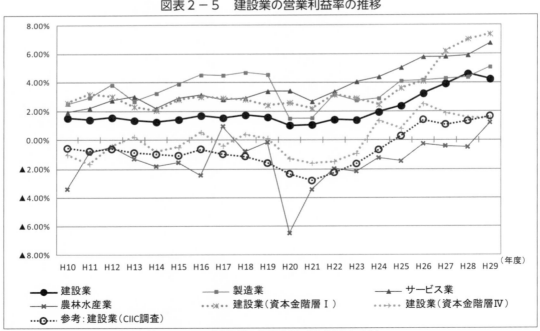

資料：一般財団法人建設業情報管理センター「建設業の経営分析（平成29年度）」

関の職員としては、こうした差が顕在化している点に留意する必要があります。

　また、図表2-6の通り、業種別や売上高規模別に見ても、利益率は大きく異なります。したがって、融資先の主力事業が何で、どの程度の利益率が一般的な水準なのかという点について、頭に入れておくと良いでしょう。

　周知の通り、以前の建設業では、仕事量を維持するために元請けが安値で受注し、それをさらに安い価格で下請けに回すという、無理なコストダウンが慣習的に行われていました。それでも下請け、孫請けの建設企業からすれば、社員を仕事のない状態で遊ばせておくわけにはいかないので、赤字覚悟で受注し、結果的に企業の財務体質を悪化させていたわけです。しかし、こうした構図も、ここにきて少しずつ変わりつつあります。例えば、職人や建設機材を抱える下請建設業者が、儲けさせてくれる元請業者や支払サイトの短い元請業者の仕事を優先的に受注したりするなど、積極的に選別受注を進める企業が出てきています。

　もう1つ注目すべきなのは、建設業のうち設備工事業に絞ると、建設業全体と比べ高い利益率を確保できているということです。なぜ、設備工事業の利益率が高いのでしょうか。それは、設備工事業のほうが専門的な分野で特徴を打ち出しやすいため下請け、孫請けといえども、利益率を確保しやすいということのようです。

図表2-6　建設業の業種別・売上高別経常利益率

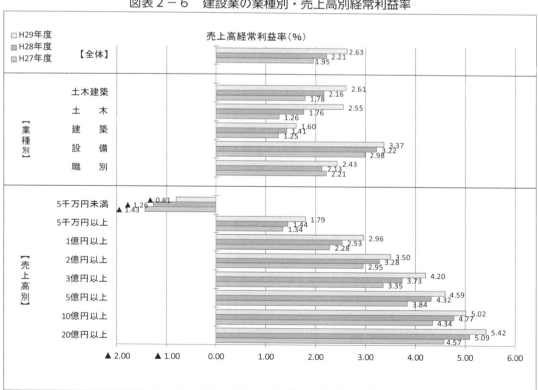

資料：一般財団法人建設業情報管理センター「建設業の経営分析（平成29年度）」

⑸　建設業に関する国の基本方針の流れ

①建設産業政策大綱（平成７年）

　平成４年度をピークに建設投資は大きく減少し始めます。そこで政府は、平成７年に建設産業政策の基本方向を示す「建設産業政策大綱」を取りまとめ、その中で「①エンドユーザーにトータルコストで良いものを安く」、「②技術と経営に優れた企業が自由に伸びられる競争環境づくり」、「③技術と技能に優れた人材が生涯を託せる産業づくり」の３つの目標を掲げました。この大綱は2010年までの市場予測等を踏まえ、15年先までを見通した政策を示したもので、例えばCM方式（コンストラクション・マネージメント方式、発注者の代理人あるいは補助者として、発注者の利益を確保する立場から、建設工事の①品質管理、②工程管理、③費用管理を行う方式）に関する検討の必要性なども盛り込まれました。

②建設産業再生プログラム（平成11年）、建設産業構造改善推進３カ年計画（平成12年）

　「建設産業政策大綱」（平成７年）で示された基本的方向を踏まえ、その後の経済社会の予想を上回る状況変化に対応するため、政府は平成11年に重点的な課題整理を行うための「建設産業再生プログラム」を発表しました。当プログラムでは、特に厳しい経営環境にある大手総合建設企業の今後のあり方に焦点を当てつつ、全建設業界に共通する課題についても方向性を提言しました。

　さらに政府は平成12年度からの３年度間をめどに、建設産業政策大綱や建設産業再生プログラムなどに沿って、どのような構造改善の取組みを重点的に実施するべきかについて取りまとめた「建設産業構造改善推進３カ年計画」を公表しました。その中で、次の４点を重点課題として掲げています。

1. 不良・不適格業者の排除の徹底
2. 建設生産システムにおける合理化の推進
3. 生産性の向上
4. 優秀な人材の確保・育成と雇用労働条件の改善

③建設産業政策2007（平成19年）

　平成19年には、公共調達をめぐる談合事件や構造計算書偽装問題、低価格受注の増加などの問題から、建設生産に対する信頼の回復が課題となりました。そこで政府は、問題の解決に向けた今後の建設産業のあり方を示す「建設産業施策2007」を公表しました。これは、同年に国土交通省において産学官からなる「建設産業政策研究会」が設置され、同研究会がおよそ１年間の議論を経て示した提言を踏まえ、取りまとめられたものです。

　「建設産業政策2007」では、建設業の事業環境が大きく変化する中、建設産業が活力を回復し、国民経済や地域社会への貢献を果たしていくために、産業構造の転換、建設生産システムの改革、人づくりの推進という３つの構造改革を推進していくことが打ち出され

ました。

④建設産業の再生と発展のための方策2011・2012

　「建設産業政策2007」を踏まえ、平成22年12月17日、国土交通大臣の指示を受けて第1回「建設産業戦略会議」が開催されました。ここから建設産業の再生と発展を図るための方策に関する当面の基本的な方針が議論されることになります。建設産業戦略会議においては、「建設産業政策2007」に掲げられた目標や政策の方向性は現在も変わらないとの認識の下、関係者が取り組むべき具体的な対策について議論を深めた結果、「建設産業の再生と発展のための方策2011」が取りまとめられました。

　しかし、この「方策2011」の発表の直前に東日本大震災が発生します。そこで、政府は震災から1年超が経過した平成24年7月に「建設産業の再生と発展のための方策2012〜「方策2011」を実現し、東日本大震災を乗り越えて未来を拓く〜」（以下、「方策2012」）に改訂して発表しました。この「方策2012」では、建設業が我が国の社会資本の適切な維持更新や、災害に強い国土づくり・地域づくりの担い手として、今後ともその役割を果たしていくために取り組むべき当面の課題として、5つの課題とその対策が示されました。

⑤建設産業政策2017＋10

　その後、2017年に「建設産業政策2017＋10」が発表されます。この政策には、「若い人たちに明日の建設産業を語ろう〜」という副題がつけられており、10年後を見据えて、建設産業に関わる各種の「制度インフラ」を再構築するよう提言しています。

　その背景について、政策では以下ように記述しています。

「建設産業政策2017＋10」の背景

○建設産業は今後も、インフラや住宅等の整備や今後の老朽化への対応、さらには災害時の応急復旧など、国民生活の安全・安心を支えるとともに、都市再生や地域活性化に資する施設整備など経済成長に貢献する役割を継続的に担っていくことが必要。

○一方、全産業的に生産年齢人口の減少が進む中、「雇用の受け皿」として建設産業が個々の企業の取組みだけで担い手を十分に確保できていた時代は既に終焉。

○建設産業が今後も産業として成り立っていく上で源泉となる「現場力」を維持するとともに、「超スマート社会」の実現など国内外の"未来づくり"の一翼を担うことで若者に夢や希望を与えることができる産業であり続けるためには、個々の企業の一層の取組みに加え、個々の企業を超えた施策が必要。

　その上で、「制度インフラ」の再構築について、以下の4つを大きな取組みの柱として示しています。

図表 2 － 7 「建設産業政策 2017 ＋ 10」の 4 つの柱

働き方改革	●建設業従事者の継続的な処遇改善（賃金等） ●適切な工期設定、週休 2 日に向けた環境整備 ●働く人を大切にする業界・企業であることを見える化
生産性向上	●各プロセスにおける ICT 化、手戻り・手待ちの防止 ●施工に従事する者の配置・活用の最適化
良質な建設 サービスの提供	●安心して発注できる環境の整備 ●施工の品質に直結する設計や工場製品の質の向上
地域力の強化	●地域の多様な主体との連携を強化

資料：建設産業研究会「建設産業政策 2017＋10（平成 29 年 9 月 8 日）」に一部追記

　現在、この 4 つの柱を主軸に改革を実行していくための様々な支援施策が、順次実施されています。

　たとえば、「生産性向上」に関する施策では、平成 29 年度に中小・中堅建設企業等が連携して行う生産性向上に関するモデル性の高い取組みに対して、取組経費の一部を支援する施策が実施されました。さらに平成 30 年度には、中小・中堅建設企業等が連携して行う多能工化に関する取組みも支援の対象となりました。なお、いずれの施策も連携先として業界外の企業等を含むことが可能なので、業界内外の連携の促進にも寄与すると見込まれます。

　また、「地域力の強化」に関する施策では、令和元年度から地域建設産業の事業継続支援策が実施されています。この支援策では、M&A などを通じた第三者への承継を含め、広く事業継続を支援していくことが可能です。

　この支援策を活用するためには、まずは建設産業施策の全体像を理解すること、その中での融資先企業の対応、今後の取組方針がどのようになっているのかを見極めることが重要です。また、あらたに取り組むことになれば、ほとんどの場合、その効果が生じる手前で費用負担が生じます。そのための融資の提案、さらには取組みあたって活用できる支援策に関するアドバイスなども、取引先企業との関係性強化にあたって重要です。

◆2　建設業の業界特性

　前節で見てきた通り、建設業は地域経済や雇用のそれぞれ 1 割強を担う基幹産業です。特に、産業の少ない地方圏では県内総生産に対する建設投資の規模、全就業者数に占める建設業就業者数の割合が都市部に比べて高い水準にあります。つまり、地方圏においては、

建設業が雇用の受け皿として1割を優に超える重要な役割を果たしているのです。

　また、仕事の面においても、国民生活を支える社会資本の整備という重要な使命を果たしています。工事のみならず、防災、災害復興という面でも建設業は多大な貢献をしており、前出した「建設産業政策2017+10」でも、建設業は「地域の守り手」と定義されています。今後も建設業は、その保有する人材や機材、ノウハウ等を活用し、異業種や地域住民をも巻き込んだ地域ぐるみでの地域活性化のとりまとめ役、あるいは主導役としての役割が期待されています。

　そのような建設業ですが、金融機関の担当者からすると、他の業種と比べて分かりづらい（苦手だ）と思われることも多いかもしれません。そこには、他の業種とは異なる建設業が持つ業界特性が影響していると思いますので、まずは以下の業界特性について押さえておきましょう。

（1）　建設業は受注産業

　建設業の特性として真っ先に挙げられるのが、「建設業は典型的な受注産業だ」ということです。つまり、建設業の場合、建設工事1件ごとに発注者から注文を受けて初めて生産活動がスタートするため、受注が建設業経営の絶対的な要件となります。当然、社会情勢や営業成績等によって売上高は激しく増減するため、「前期実績並み」という見通しが通用しないのが建設業の一番の特性です。したがって、金融機関の担当者としては、足元の営業活動をみながら、見込案件ごとの受注確率やその結果を事業者から常に提供してもらうことで、年度、年度の業績着地を見通していくことが重要になります。

　また通常、建設工事の場合、注文時に金額まで決定した契約を交わすため、発注者側にしてみれば、果たして本当に注文どおりのものができるのか不安です。このように完成品をまつことなく契約を交わすことになるため、受注生産を行う建設業の場合、過去の施工実績に裏打ちされた信用力が極めて重要な意味をもつのです。

（2）　単品生産

　製造業のように同種同規模のものを大量に生産するのではなく、単品生産が基本のため、仕様、工期、品質などのすべてにおいて、発注者のさまざまな要望に沿って作られます。規格品の戸建住宅のように同じ内容の工事をする場合でも、その土地の地形、地質、気象などの条件は工事ごとに異なるため、その都度、初めての工事になります。したがって、作られた建物を客観的に比較するのは難しく、必然的に価格のみの競争に陥りやすいという危険性があります。また、個々の現場の条件によって採算性や利益率に大きな影響があるため、工事一本ごとに採算性を管理することがきわめて重要になります。

　ほかにも受注生産かつ単品生産の性質から、製造業のように在庫がきかないという特徴があります。それと表裏一体の関係ですが、本来は年間を通じて安定した仕事量を確保できることが理想ですが、どうしても繁忙期と閑散期とで、仕事量が大きく変動してしまう

というのも建設業の業種特性です。繁忙期を想定して人を確保すると、どうしても閑散期に余剰人員を抱えることになってしまいます。こうしたことから自社で直接雇用している社員の割合が他の産業に比べて少なく、外注依存度が高いというのも建設業の特徴の1つです。

(3) 移動型生産

　製造業のように固定した生産設備をもたずに、ものを作る場所に拠点を構えて工事を行います。そのため同じ受注生産でも、生産設備が固定されている造船業、航空機製造業などとは異なります。また通常、同じ場所で繰り返し作業が行われることはなく、プロジェクトごとに生産現場を転々と移動するため、常に人員、資材、設備など、必要な資源を工事ごとに移動する必要があります。

　もちろん建設現場においても、機械化は進んでいますが、基本的に移動型単品生産のため、大規模建設業であっても機械設備や工場建設といった固定資産が比較的少ないという特徴があります。逆にいえば、人の労働力に頼る比重が高く、いわゆる労働集約的な産業ともいえます。

　こうしたことから地域金融機関では、設備投資の資金ニーズの少ない業種と捉えてきたと思います。しかし、近年では、人手不足を補い、生産性を向上させるための機械化やICT投資など、建設業においても設備投資に前向きな企業が増えてきています。

(4) 長期に渡る工事期間

　受注型産業の場合、生産期間が比較的長くなります。特に、公共工事においては、大規模な開発事業やダム・橋梁などの大型プロジェクトも少なくなく、こうしたケースでは、その多くが受注から引き渡しまでの工期が、通常の会計期間である1年を超えます。

　なお、会計期間は人為的に1年間と設定されるのが一般的ですが、上記のように複数の会計期間にまたがる工事については、収益に関する特別な認識基準が必要となります。これについては、後述します。

　また、工事代金の回収は工事が完成した後、つまり引き渡し後に行われるため、工事施工に伴う諸支出の支払いが先に行われます。そのため工事代金を回収するまでの間、受注者は工事に伴う支出を立て替える必要があります。ここに資金ニーズがあり、つまり多くの企業が金融機関からのつなぎ資金に頼ることになるわけです。当然ですが、金融機関としては、当該借り入れが、その工事の受入代金できちんと返済されるのかを見極める必要があります。

(5) 屋外生産による自然現象や災害の影響

　建設業の場合、ほとんどの生産現場が屋外中心となるため、天候の影響を強く受けます。その結果、工事のスケジュール管理が難しいという問題が生じます。また、単に屋外というだけでなく、極寒の地や高所作業、地下作業など、厳しい労働環境を強いられることも

多々あるため、安全対策や健康管理対策なども重要視されます。

　一方で、工事の完成時期については、たとえ雨天候で施工できない日が続いても、納期を延長できるわけではありません。工事の進行の遅れを取り戻すために残業したり、作業時間を延長することで納期を遵守することになります。そうなれば当然、現場の作業員に支払う残業代などの支出が、当初の予定金額を上回ることになります。

　なお、災害などの偶発的事象が発生した場合は、原価とは切り離して、損失を計上することになります。ただし、通常の想定の範囲で考慮すべき費用に関しては、事前対策費として原価計上するなど、予算取りの段階においてもリスク管理に十分に配慮する必要があります。

　以上見てきた特性により、建設業の場合、例えばほぼ確実と見られていた受注がなくなってしまった（翌期にずれてしまった）、受注はしたけど悪天候が続いた上に、初めて仕事をする地域で外注費が思った以上にかさみ赤字になってしまったといった突発的なリスクが常に存在します。そうなれば、決算の内容は大きくずれることになるため、地域金融機関の職員にとっては悩みが尽きない業種といえるかもしれません。

　そうしたリスクを軽減させるためには、建設業の特性を十分理解した上で、「あの○○の現場の状況はどうですか」、「○○の工事は受注できましたか」などといった具合に、日頃からコミュニケーションを図る。つまり、現場単位での情報収集を積極的に行うことによって、常に業績見通しを最新の状況に更新していくことが重要です。また、たとえ短期的な業績見通しに問題のない企業であっても、中長期的な目線にたった上での設備投資や増強投資などの提案は有用です。

3　建設企業の概要把握のポイント（ビジネスモデル俯瞰図）

　業界全体の特性を理解したところで、今度は個別企業の概要を把握するための重要なポイントを見ていきましょう。もちろん収集すべき情報には、企業に聞かなければ分からない情報もあれば、事前にネットなどで検索できる情報もあります。

(1)　許可業種は？

　一言で建設業といっても、様々な業種があります。まずは、取引先企業が、どの業種の許可を持っているのかを確認しましょう。

　ここで、建設業許可について少し説明しますと、建設業を営もうとする者は、軽微な建設工事のみを請け負うことを営業とする者を除き、建設業法によって建設業の許可（有効期間5年）を受ける義務があります。なお、軽微な建設工事とは、請負金額が5百万円未満の工事（ただし、建築一式工事にあっては請負金額が15百万円未満の工事または延べ床面積が150平方メートルに満たない木造住宅工事（建設業法施行令第1条の2））をい

います。

　また、建設業の許可は、業種ごと（現在 29 業種）に行われ、大別すると一般建設業許可と特定建設業許可の 2 つあります。発注者から直接請け負う 1 件の建設工事につき、下請け契約の金額が 40 百万円以上（ただし、建築工事業は 60 百万円）となる場合には、「特定建設業」の許可を受ける必要があります。

　この許可の申請及び変更の届け出にあたっては、各会計期間の決算に基づいた「財務諸表」を添付することとされています。また、この許可制度は建設工事の適正な施工を確保し、発注者を保護することを目的としているため、「どの建設企業が何の許可を受けているか」、「その許可のベースとなった建設企業の財務諸表」といった情報がすべて一般に開示されます。この点は、他の産業にはない、建設業特有の制度といえます。

　現状、複数の業種の許可を受けている事業者は少なくありません。そうした企業の場合、許可業種の情報をもとに、「どの業種で年間どれくらいの完成工事高を確保しているのか」、「何が得意分野なのか」といったことについて、具体的にヒアリングすることで把握するようにしましょう。

建設業の許可について

建設工事の完成を請け負うことを営業するには、建設業の「許可」が必要。
ただし、「軽微な建設工事」※のみを請け負う業者は、許可は不要。

> ※「軽微な建設工事」
> ① 建築一式工事については、1500万円未満の工事、または延べ面積が１５０㎡未満の木造住宅工事
> ② 建築一式工事以外の建設工事については、工事１件の請負代金の額が５００万円未満の工事

〈業種別許可制〉
・土木一式工事、建築一式工事の2つの一式工事と、
　27の専門工事の計29の業種

〈許可区分〉		下請けに出す工事の金額	
		特定建設業 元請する1件の工事について、下請けに出す金額の総額が4,000万円※を超える場合	**一般建設業**
営業所の設置	2つ以上の都道府県に営業所を設ける場合	大臣特定	大臣一般
	1つの都道府県のみに営業所を設ける場合	知事特定	知事一般

※建築工事の場合は6,000万円を超える場合

出典：国土交通省 HP「建設業の許可とは」

---

(2)　事業エリアはどこまでか？

　事業エリアも、確認しましょう。

　これも、建設業の許可から確認できます。事業エリアに関する許可については、知事許

可と大臣許可があります。1都道府県内にだけ営業所を持ち、営業しようとする場合は知事許可、2以上の都道府県に営業所を持ち、営業しようとする場合は大臣許可になります。

　大臣許可の場合には、どこに営業所があるのか、知事許可の場合には、都道府県内の中でも一市区町村といった限られた範囲なのか、もしくはより広範囲なのかなどを確認します。また、どこでどのくらいの工事金額なのかといった数量的にも把握していきましょう。

⑶　元請けか下請けか？

　元請けか下請けかの確認の前に、建設業全体の生産システムについて説明します。

　建設業の生産活動は、建設生産物の内容等を決定する「企画」、設計図書の作成を行い建設生産物の具現化をする「設計」、実際に現場においてものづくりを行う「施工」、さらに生産された建設生産物を供用・利用する「維持管理」の各プロセスから構成されています。そのため関連する企業も、発注者、設計者、建設業者、資材業者など、多様な主体の協業によって行われます。通常、こうしたプロセスおよび各主体相互の関係性の総体を「建設生産システム」と呼んでいます。

　これらの各主体が、対等なパートナーシップを前提に建設生産物に関する情報を共有し、それぞれの知識やノウハウに基づいて十分なすり合わせを行う。そうすることによって、初めて付加価値の高い生産物やサービスをエンドユーザーに提供することが可能になるのです。

　図表2-8は、建設生産システムの流れを具体的に示したものです。このうち建設企業（施工者）は、③元請けか④下請けになります。ここでは全体を把握するために、発注者も含めて各主体の役割を見ていきましょう。

【図表2-8】 建設生産システムの流れ

建設生産システムの担い手		建設生産の流れ			
		計画段階	設計段階	施工段階	
①発注者		計画	設計者の選定	施工者の選定	
②設計者			設計業務の実施		
施工者	③元請け			施工の実施	下請業者の選定
	④下請け				施工の実施

①　発注者の役割

　主として、国、地方公共団体、デベロッパー等が該当し、建設生産システムにおけるプロセスの出発点となる計画・企画の役割を担います。エンドユーザーに対して最も価値の

高い建設生産物を提供するため、設計者、施工者等パートナーの適切な選定を実施するほか、施工段階においても追加リスクの管理等においてリーダーシップを発揮することが求められます。

② 設計者の役割

建築士（建築の場合）、建設コンサルタント（土木の場合）が該当し、設計図書の作成を行います。生産物の品質は、設計者の提供する設計の品質に大きく左右されることから、建設生産システムにおいて果たす役割は重要です。特に近年では、耐震構造など、設計段階での品質が重視されています。

③ 元請けの役割

工事ごとに多種多様な専門工事業者と下請契約を結び、各プロジェクトの遂行を管理する役割を担当します。ゼネコンが代表例です。

④ 下請けの役割

元請けのゼネコンと交わした下請契約に基づき、専門工事業者が専門的な技術・技能を駆使して工事施工を直接担当します。建設業では多種多様な生産工程のすべての生産能力を1つの企業が保有するのは困難なことから、生産工程別または技術別等によって下請けさせる形態が通常用いられます。

このうち施工者（③元請け・④下請け）は、ゼネコンを頂点とした重層下請け構造で成り立っています。前述した通り、建設業では繁忙期と閑散期の仕事量の変動が大きいことから、自社で直接雇用する社員の割合を極力抑える傾向にあります。そのため下請けの下請け（孫請け）、さらにそのまた下請けというように、他産業には類をみないほど重層化した下請け構造を有しています。

下請け構造のメリットは、工事量や工事場所の変動に合わせて労働力を調達しやすいという点以外にもあります。それは、専門化が進むことで作業効率や品質が上がること、下請企業にとっては元請けの系列に入ることによって企業経営の安定が可能になることなどです。

こうした構造になっているため、現在、多くの元請ゼネコンが、信頼できる下請業者を安定的に確保することを目的に下請協力会を組織しています。協力会に所属する下請業者に優先的に仕事を発注することによって、会社同士のきずなや人間関係を強固にしようというわけです。この協力会の仕組みですが、一時期、価格競争の激化によって下火になったことがあります。そのとき元請け・下請けの取引関係は、専属的な関係から市場競争に基づくドライな関係へと大きく変化しました。しかし、昨今の人手不足などを背景に、ここにきてその重要性が改めて見直されているように見受けられます。

以上、元請けか下請けかについて見てきましたが、地域金融機関の職員としては、まず顧客企業が建設生産システムのどこに位置しているのか（元請けなのか、下請けであれば何次なのか）を確認するとともに、その上流と下流にどのような業者がいるのかをみるこ

とからはじめましょう。なお、メインは元請工事ですが、閑散期に一部下請工事を受託している企業もあるので注意しましょう。

　顧客企業の中には、特定の顧客（発注者・元請け）への依存度が極端に高く、新しい得意先の発掘ができていない、あるいは下請会社が固定化してしまっている企業があるかもしれません。そうした企業に対して、新規開拓に向けた取組みを金融機関が後押ししていくことも重要な役割の1つです。

⑷　公共工事か民間工事か？　新築かリニューアル・修繕等か？

　受注している工事について、公共工事が多いのか、民間工事が多いのかを見ていきます。一般的には、「土木は公共工事、建築は民間比率が高い」といわれています。

　しかし、実際には様々なパターンの企業が混在しています。例えば、企業によっては、「民間工事」の括りの中に公共工事の下請工事が入っているケースがあります。確かに直接契約しているのが民間企業のゼネコンなので民間工事という括りになりますが、大元の発注者は県や市町村なので公共工事でもあるというケースです。公共工事と民間工事とでは建設投資のトレンドが異なることも少なくないので、きちんと分けてみる必要があります。なお、公共工事の入札制度に関しては、後で詳しく見ていくことにします。

　また、「新築工事がどれくらいの比率で、リフォーム・リニューアルや修繕工事がどれくらいか」といった割合も確認しましょう。現状では、全社売上のうちリフォーム等による売り上げは2～3割程度が平均とされていますが、前述した通り、今後の建設市場においてはリフォーム・リニューアル、修繕工事の比率が高まっていくとみられています。もし担当する企業のリフォーム等の売上比率が少ないようであれば、新築市場が大きく後退した際の収益源をどこに求めていくのか、つまり会社の方向性について、まえもって確認しておきましょう。

⑸　直営部隊を持っているのか？

　もう1つ重要な点があります。それは直営部隊を持っているかどうかです。現在、建設現場で働いている人を大別すると、「技術者」と「技能労働者」になります。技術者とは、現場を取り仕切り、技能労働者の方々に指示を出しながら、現場の施工上・技術上の管理を行う人のことをいいます。一方、技能労働者とは、一定の熟練（技能）を身につけた上で、建設現場において実際に建築作業を行っている人のことです。一般的に職人さんとか、作業員さんと呼ばれているのは、この人たちです。

　一般建築や一般土木の建設会社の場合、この技能労働者を自社で抱えている（直営部隊を持っている）のか、または自社では管理をする技術者だけで、技能労働者は下請けに出しているのかで、大きな違いがあります。施工部隊を自社で抱えていると、暇な時期にも固定費（人件費）がかかるため、2000年代に入り建設投資が大幅に落ち込む中で、施工部隊を手放した建設企業は少なくありません。しかし、現在のように人手不足の状況が続くと、

自社で施工部隊を持っているかどうかで、企業としてのフットワークは大きく異なります。つまり、今はまさに直営部隊を持っている企業の強みが発揮されている状況といえます。

　特にリフォーム等工事では、それが顕著に現れます。外（下請け）に出せば赤字の工事でも、社内人員でこなせば利益につながることが少なくないからです。このように直営部隊を持っているかどうかが、業績にもろに反映することも少なくないので、企業の戦略の方向性と合わせて、直営部隊の有無に関しても確認してみてください。

　なお、製造業を中心に「多能工」と呼ばれる技術者がいます。具体的には、１人で複数の異なる作業や工程を遂行する技能を身につけた作業者のことをいいます。移動型単品生産を基本に追加・変更工事などにも柔軟に対応しうる生産体制を維持し、その上で生産性の向上を目指す建設業にとって、多能工の確保・育成は欠かせません。直営部隊を有している企業の場合は、多能工化のためにどのような取組みを行っているのかについても確認するとよいでしょう。

　以上の確認ポイントをもとに、ビジネスモデルの俯瞰図を作成したのが図表２−９です。この図をもとに、現状の姿だけでなく、過去の変遷についてもチェックすれば、当該企業の過去・現在、そして未来まで見通せるかもしれません。

図表２−９　ビジネスモデル俯瞰図（例）

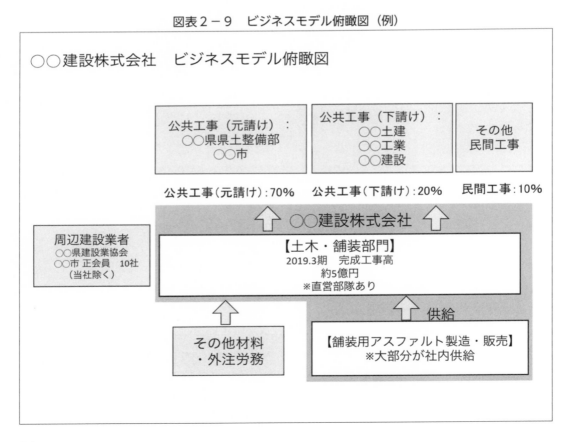

◆ 4 公共工事の入札制度

　最後に公共工事の入札制度について見ていきたいと思います。もちろん顧客が民間工事のみの企業の場合は、読み飛ばしていただいても問題ありませんが、公共工事が中心の場合は、入札制度の大枠を理解しておくことをお勧めします。

　公共工事における入札契約の流れは、下図の通りです。大きく分けると「資格審査」、「入札・契約」、「施工」の3段階に分かれます。以下、順番に見ていきましょう。

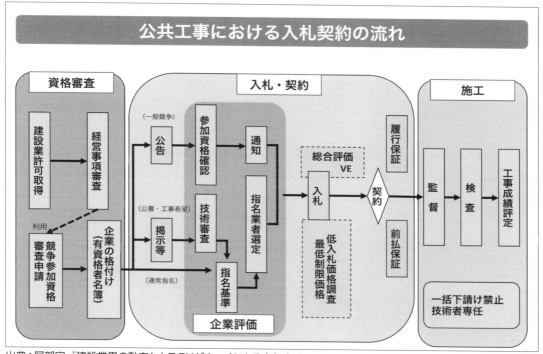

出典：阿部守『建設業界の動向とカラクリがよ〜くわかる本』より

（1）資格審査

　資格審査とは、個別具体的な工事への入札参加の前に、当該入札に関する参加者要件を整えるための制度です。

　建設業の許可については前述した通りですが、少し補足すると、特定建設業の場合、一般建設業と違って財産的基礎要件が厳しく求められます。なかでも特に注意しなければいけないのは、貸借対照表上の「純資産合計の額」が4,000万円以上になっているかどうかです。もし業績が悪化し、純資産が目減りするようなことになれば、最悪の場合、特定許可の更新ができなくなってしまいます。そうなれば、地域のゼネコンにとっては死活問題になりかねません。そうした事態を招かないようにするためにも、早めに改善策を講じる必要があります。

　なお、許可業者のうち、公共工事の受注を希望する建設業者は、経営事項審査（以下、経審）

を受審する必要があります。この審査は、公共工事の受注を希望する建設業者の企業力を審査するもので、経営規模（Ｘ点）、経営状況（Ｙ点）、技術力（Ｚ点）、その他の審査項目（Ｗ点）による評価によって判定されます。ちなみに、これらのＸＹＺＷの評価点をウェイト付けして合算した数値を総合評定値（Ｐ点）といいます。

　審査の有効期限は無限ではなく、１年７カ月です。したがって、毎年継続して公共工事への入札参加を希望する建設業者は、許可行政庁に対して決算期ごとに経審の申請を行う必要があります。また、公共工事の発注者に対しても２年に１度、入札参加資格審査申請を行った上で、審査を受ける必要があります。

図表２－10　経営事項審査の流れ

①申請者が登録経営状況分析機関（令和元年９月現在 10 機関）のいずれかに
　経営状況分析の申請を行い、結果の通知を受ける。

②請者が許可行政庁（国土交通大臣または都道府県知事）に対して、
　経営規模等評価の申請を行う。

③許可行政庁が審査の上、「経営規模等評価結果通知書・総合評定値通知書」を発行。
　　➡ 一般財団法人建設業情報管理センターのホームページで公開。

④総合評定値（客観的事項）と発注者別評価点の合計で、
　発注機関が点数による企業の格付け（入札参加資格審査）を行う。
　　➡ 発注者ごとの「有資格者名簿」の公開。

　この経審については、これまで数度にわたって大幅な改正が行われてきましたが、なかでも特に大きかったのが 2008 年の改正です。改正のポイントはいくつかありますが、第一のポイントは完成工事高よりも利益指標を重視したという点です。それまでは完成工事高の評価ウェイトが非常に高く、それが企業の完工高競争を助長し、結果的に合理的な経営判断を歪めてしまうという側面があったため、改正によって利益指標を重視する方向に改められました。また、技術職員についても、それまでは人数によって評価されていたのを、この改正により能力や資格、継続的学習への取組みを反映するように改められました。

　そのほか社会性評価に関する項目についても、例えば労働福祉、営業年数、防災協力、法令遵守、経理状況、研究開発などの項目において、幅広く建設企業の社会的責任が評価されるようになりました。つまり、金額や数といった数値よりも、内容を重視した審査にシフトするための改正といえます。

　2015 年にも改正が行われています。具体的には、若手技術者・技能労働者の育成・確

保などに対する評価ウェイトのかさ上げ、建設機械を保有する企業に対する加点措置の拡充などが行われました。さらに2018年度には、「地域の守り手」としての評価（防災協定締結の評点）が加点されたり、社会保険未加入業者に対する減点の仕組みが厳格化されました（今後、許可要件とされる予定）。

　今後も、従業員の知識・技術・技能向上に取り組む企業を評価する改正が、すでに予定されていますし、将来的には外国人や女性の活用も入ってくる可能性も否定できません。

　このように経審は、時代とともに改正することで重要な役割を果たしてきたわけですが、今後もその役割は変わらないと思います。特に公共工事を受注しようとする建設業者の場合、この審査で高い総合評定値（Ｐ点）を取ることが非常に重要なポイントになります。というのも、下図の通り、公共工事の発注者である地方整備局や地方公共団体が行う競争入札に参加する際、Ｐ点が資格審査に影響するからです。

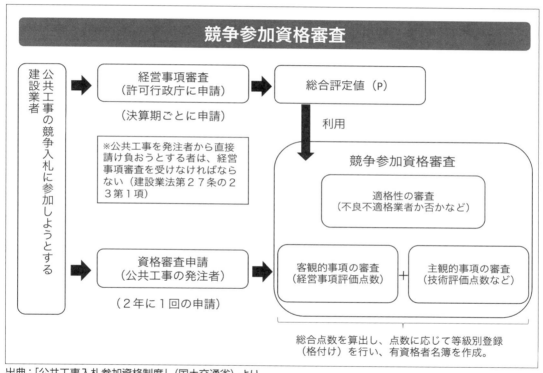

出典：「公共工事入札参加資格制度」（国土交通省）より

　地方整備局や地方公共団体などの発注者は、上図の通り、経審による客観的評価にプラスして主観的事項の審査を行うことで、ＡランクやＢランクといった事業者の「ランク付け」を行います。よって、国の工事ではＡランクだが、県の工事ではＳランクなど、発注者ごとにランクが異なるため、それぞれ入札できる工事金額が変わってくることに注意が必要です。

　ここでいう「ランクによって入札できる工事金額が変わる」というのはどういうことか、簡単に説明します。例えば、甲地域の道路舗装工事のランク表にはＡランクが２億円以上、Ｂランクが８千万円以上２億円未満、Ｃランクが３千万円以上８千万円未満と記載

されているのに対して、乙地域では、Ａランクが１億５千万円以上、Ｂランクが６千万円以上１億５千万円未満、Ｃランクが３千万円以上６千万円未満といった具合に異なっているということです。

　ほかにもＳランクの有無やどこまで細分化されているかなど、地域ごとに異なっていますし、同じ地域のＡランクでも工事種類によって発注標準金額が異なっているケースもあります。地域金融機関の職員の方が入札に参加するわけではありませんので、該当するすべての地域の状況を把握する必要はありませんが、概要程度は理解しておくことをお勧めします。

　ランク付けで気を付けなければいけないのは、例えば経審のＰ点が１点不足したため発注機関の格付けがＡランクからＢランクに落ちてしまい、結果的に受注できる工事金額が変わってしまうといったことが起こり得るということです。そうした事態を避けるためにも、決算日が到来する前に、予測財務諸表等を作成し、事前にシミュレーションを行うことがポイントになります。

　また、Ｐ点を少しでもよくするために、完成工事高を水増しする等、虚偽申請が行われることも少なくありません。それが決算における粉飾へとつながるケースも散見されるので、地域金融機関の職員としては常に意識してチェックする必要があります。

　なお、公開された経審の結果は、だれでも無料で見ることができます。新規営業先等、当該企業から財務諸表をもらうことが困難な場合には、ぜひ活用しましょう。経審結果の見方には、次の通り大きく２通りあるので、それぞれを有効に活用しましょう。

　１つは、経年比較です。過去数年間のデータの比較を行うことで、当該企業における公共工事の受注力がどのように変化しているかを見ます。もう１つは同業他社比較で、評価項目ごとに同業他社と比較する一覧表を作成し、当該企業が他社と比べどのような特徴があるのかを見ます。例えば、同程度の売上規模を有する企業同士を比較し、売上総利益率や１級技術者の割合など内容の充実具合を見ることで、その企業の収益力や、そのベースとなっている技術力をある程度想定することができます。

⑵　入札・契約

　次に入札・契約についてです。公共工事の入札制度は複雑で分かりづらいため、実際に企業の担当者とお話をしていても、「通常どこまでの情報が公開されているのか」、「企業側の努力によって、どのような情報を収集すべきなのか」、あるいは「それを知っているのはおかしいのではないか（業法に触れる行為では？）」といった判断がしづらいものと思います。こうした情報に対する判断の仕方について、順番に見ていきましょう。

　まず、入札方式についてですが、国の工事の場合は「会計法」で、地方公共団体の工事の場合は「地方自治法」で規定されています。どちらも「一般競争入札」を原則としていますが、実際には公共工事から不良・不適格業者を排除するため、長い間、「指名競争入札」が採用されてきました。

　しかし、「指名競争入札」の場合、指名される業者が入札前に分かるため、「話し合い」

と呼ばれる談合が行われやすいというデメリットがあります。また、指名に入れてもらえるかが業者にとっては死活問題となるため、発注者への働きかけ（癒着）が起きやすいシステムともいわれていました。

　こうした指摘とともに、頻発する公共工事の入札談合等に対する社会的批判の高まりを背景に、国や地方自治体などの各発注機関では、随時多様な入札・契約制度の導入・改革を進めています。具体的には、公共工事を巡る不正防止や入札の透明性、競争性の確保を図るべく、一般競争入札の拡大や、総合評価方式の導入などが行われています。

図表2－11　入札方式の特徴

○ 2005年「公共工事の品質確保の促進に関する法律」
⇒　総合評価方式を今後の発注方式の基本とする方針

主な入札方式	指名競争入札	一般競争入札	総合評価
概要	●発注者が個々の発注時期に有資格者名簿の中から指名基準を満たしていると認められる建設業者を指名し、競争入札を行う方法。	●競争入札に付する工事の概要などを示して、建設業者を競争させる入札方式。 ●工事発注の原則的な方法	●価格以外の要素として、企業からの技術提案を求めて評価
メリット	●実績のある業者を指名することで品質を確保しやすい ●良い工事をして次回も指名されようという意識が働く ●入札審査の業務負担が少ない	●談合がしにくく、透明性、競争性が高まる ●経済的な価格で発注できる可能性が高い ●発注者の恣意性が入りにくい	●技術力のある会社が評価される
デメリット	●発注者の恣意的な運用がされやすい ●談合を誘発しやすい ●実績のない業者が入りにくい	●ダンピング受注が発生しやすい（下請けへのしわよせ） ●品質確保のための検査が重要になる	●提案書作成に手間がかかる ●技術の評価に不透明さが残る ●発注者の恣意的な運用がされやすい

　一方、一般競争入札は、経済的に優れた方式といえます。一般競争入札によって最低価格の応札者を落札者とすれば、税金の支出を節約できるからです。確かに一般競争入札は、経済的な観点からみれば合理的なシステムですが、問題がないわけではありません。例えば、落札価格が極端に低い場合、想定している工事の品質を確保するべく工事を行っているか、常にチェック知る必要があります。ましてや落札業者が初めての場合、随時立ち会わなければならないなど、逆に人的コストの面で負担増になってしまう可能性すらあるのです。ほかにも下請業者に対する過度のしわ寄せ、労働条件の悪化、安全対策の不徹底等、様々なリスクが想定されます。ちなみに、こうした不当に安い価格で受注することを「ダンピング受注」といいます。

　現在、多くの公共発注者が、このダンピング受注を防ぐため「低入札価格調査制度」や「最低制限価格制度」など、一定のチェック機能を設けています。また、価格と品質が総合的に優れた業者への発注を行う「総合評価方式」を導入する公共発注者も増加しています。

「低入札価格調査制度」と「最低制限価格制度」の概要は、以下の通りです。

＜低入札価格調査制度＞

最低価格者が落札すると契約の適切な履行がなされないおそれがある場合、落札決定を保留し、調査を行う制度。具体的には、発注者があらかじめ調査基準価格を設定し、これを下回った場合、発注者は落札決定をいったん保留し、落札者が契約を適正に履行することが可能かどうかを、積算内容等の面から調査する。そして、調査の結果、入札価格が合理性に欠けると判断された場合には、他の入札者で最も価格の低かった者を契約の相手方とする。

＜最低制限価格制度＞

あらかじめ設定した最低制限価格よりも低い価格で入札した場合は、自動的に失格となる制度。低入札価格調査制度の場合、入札者が契約を適正に履行できるかどうかを発注者が調査しなければならないが、最低制限価格制度では自動的に失格となる。そのため、調査体制に限界のある小規模な自治体で採用されるケースが多い。

なお、予定価格や低入札価格調査の基準価格、最低制限価格が公表されているかどうかは、それぞれの発注機関によってまちまちです。本来、「事後公表」とされている「最低制限価格」を一部の業者に漏らしてしまったというような官製談合事件が度々報道されるのは、周知の通りです。

予定価格等の公表時期（２０１７（平成２９）年３月３１日）

		事後公表	事前公表および事後公表の併用	事前公表	非公表
予定価格 ・標準的な受注者が標準的な施工を行った場合を想定して発注者が積算	都道府県	17	15	15	0
	指定都市	7	9	4	0
	市町村	647	253	681	118
	計	671	277	700	118
低入札価格調査基準価格 ・これを下回った時に、契約内容に適した工事ができるかの調査を行う基準価格	都道府県	40	0	2	5
	指定都市	20	0	0	0
	市町村	397	7	44	178
	計	457	7	46	183
最低制限価格 ・極端に安い入札を防止するため、これよりも低く入札した場合は失格となる価格	都道府県	37	0	2	5
	指定都市	19	0	1	0
	市町村	874	31	137	405
	計	930	31	140	410

出典：「入札契約適正化法等に基づく実施状況調査の結果について」（国土交通省）より作成

　また、最低制限価格等を事前に公表している市区町村も相当割合あるため、これらの地域では多くの入札で「くじ引き」が行われます。建設企業が自社の積算結果ではなく、最低制限価格と同額で入札するために、くじ引きになるわけです。

　予定価格等を事前公表するかどうかは、それぞれの発注機関に任されていますが、国土交通省では「基本は事後公表にすべきだ」という方針を出しています。ご自身の地域で、入札方式や公表制度がどのようになっているかを理解しておけば、事業者との会話や事業者の悩み事が理解しやすくなると思います。また、入札方式が変わりつつある現在、地域によっては総合評価方式を導入するところも出てきているので、地域金融機関の職員としては、事前に取引先企業がこの総合評価方式にきちんと対応できるかどうか見ておくことも重要です。

(3) 施 工

　ここでは、工事成績評定についてご説明しましょう。

　工事成績評定とは、公共工事が完成した段階で、発注者が工事ごとの施工状況、出来栄え、技術提案などを採点する工事の成績表のことです。この結果が、次回以降の入札資格要件や技術力評価に大きな影響を与えます。

　なお、評定点は一般に公表されるので、取引先の事業性評価において技術力をみたい場合に活用できると思います。そのためには、「この地域のこの工事種類では、どれくらいが平均点なのか」ということについて、常に情報収集しておくことが重要です。

　また、企業がこの評定点をどのように活かしているかも重要なポイントです。というのも企業によっては、「どこが自己評定と異なったのか」、「どうすれば評定点を上げることができるか」といったことを、常に検討しているからです。もちろん、その一方で「あまり高い点を狙うと儲からない」とか、「どうせ発注者の主観で決めているから意味がない」という企業も少なくありません。その辺りの取組み姿勢も含めて、企業の事業性を見ていく上で、重要な指標の1つだと思います。

Ⅱ 金融機関が注意すべき 建設業の財務分析のポイント

◆ 1 建設業の財務管理の特色（建設業特有の勘定科目）

　前述した建設業の特殊性から、建設業の会計には建設業特有の勘定科目が存在します。また、建設企業の場合、建設業法施行規則に定められた様式と勘定科目に基づく貸借対照表、損益計算書、完成工事原価報告書等（以下、建設業法様式の財務諸表等という）を許可行政庁に対して毎年提出することが義務付けられています。

　なお、建設業法様式の財務諸表等に使用される勘定科目のうち、一般の財務諸表に比べて特有の勘定科目には、次のようなものがあります。

図表２－12　勘定科目対比表

	建設業法様式	一般企業
①	完成工事高	売上高
②	完成工事原価	製造原価
③	完成工事未収入金	売掛金
④	未成工事支出金	仕掛品、半製品
⑤	工事未払金	買掛金
⑥	未成工事受入金	前受金
⑦	完成工事補償引当金	製品保証引当金
⑧	工事損失引当金	

（1）　完成工事高（損益計算書関係）

　工事が完成し、引き渡しが完了したものについて、その請負金額にあたるものが完成工事高になります。一般企業の売上高に相当します。ただし、建設業の売上高には、次の２つの収益基準があることに注意が必要です。

≪２つの収益基準≫

	工事完成基準	工事進行基準
特　徴	工事が完成し、かつ引渡しが完了した段階で収益・原価を計上する方法	工事が完成していなくても、進捗状況に応じて決算ごとに収益・原価を計上する方法

　なお、工事進行基準の適用については、会計上と税務上の２つの適用基準がありますが、中小企業においては事務処理能力に限界があることや、税務申告を前提とした決算が中心になるやすいため、税務を基準とする経理処理を採用する企業が多くみられます。税務上は、工事進行基準によるべき工事の範囲について、工事期間が「１年以上」で、請負金額が「10億円以上」が強制適用であり、その他の工事については工事進行基準と工事完成基準を選択適用することが可能です。この工事完成基準と工事進行基準のどちらを採用するかによって、完成工事高、完成工事未収入金、完成工事原価、未成工事支出金が異なってくるので注意が必要です。

　また、企業によっては、完成基準と進行基準を期によって変えている、あるいは工事ごとに変えるといったケースも見られるので、その点にも注意してください。確かに制度上、期によって変更することは可能ですが、なぜそのような処理をしているのかに注意する必要があります。もちろん正当な理由により、工事ごとに基準を変えるケースはあります。例えば、工事完成基準を主にしている中小企業が、金額の大きい工事を受注した場合に、税法上強制的に工事進行基準が適用されるといったケースです。このようなケースでは仕方がありませんが、通常はできるだけ同一の基準で行うことが、事務の煩雑さや信頼性といった点からも適しています。

⑵　完成工事原価（損益計算書関係）

　完成工事原価とは、完成工事高として計上したものに対応する工事原価のことで、一般企業の「製造原価」に相当します。完成工事原価は、材料費、労務費、外注費、経費で構成され、この完成工事高から完成工事原価を差し引いたものが、売上総利益（粗利）となります。

　一般の製造業の場合、材料費、労務費、経費（外注費を含む）で構成されますが、建設業の場合、生産システムにおいて下請けを利用する割合が高いことから、外注費を独立した要素としているのが特徴です。また、建設業の原価計算においては、現場の作業員の賃金は「労務費」に、現場管理の技術者の給与は「経費」に区分します。

　なお、建設業の完成工事原価報告書と、一般企業の製造原価報告書の違いは、図表２−13の通りです。

図表2－13　完成工事原価報告書（建設業）と製造原価報告書（製造業）

完成工事原価報告書　※建設業			製造原価報告書　※製造業		
自令和　　年　　月　　日			自令和　　年　　月　　日		
至令和　　年　　月　　日			至令和　　年　　月　　日		
（会社名）		単位：円	（会社名）		単位：円
Ⅰ	材料費	××××	Ⅰ	材料費	××××
Ⅱ	労務費	××××	Ⅱ	労務費	××××
	（うち労務外注費　　×××）			（うち給料手当　　×××）	
Ⅲ	外注費	××××		（うち賃金　　×××）	
Ⅳ	経費	××××	Ⅲ	経費	××××
	（うち人件費　　×××）			（うち外注費　　×××）	
	完成工事原価	××××		製造原価	××××

⑶　完成工事未収入金（貸借対照表関係）

　完成工事未収入金とは、完成工事高に計上した工事にかかる請負代金の未収額のことで、一般企業の「売掛金」に相当します。具体的には、工事の完成・引き渡しの際に前受金・部分払金などの「未成工事受入金」（⑹で解説します）と相殺した後の請求残高のことです。通常、得意先が多い場合は、得意先元帳と呼ばれる補助元帳を別途作成し、得意先別の勘定口座を設定して処理する方法が広く用いられています。

⑷　未成工事支出金（貸借対照表関係）

　未成工事支出金とは、引き渡しを完了していない工事に要した工事費ならびに材料購入、外注のための前渡金、手付金等のことで、一般企業の「仕掛品」や「半製品」に相当します。一般企業で仕掛品と呼ぶことから、「仕掛工事」という企業もあります。建設業の原価の発生過程は、一般の製造業のように仕掛品⇒半製品⇒製品のような流れはなく、建売などの一部の業種を除くと、仕掛工事から完成即引渡しとなります。

　したがって、期中はその取引内容に応じて材料費、労務費、外注費、経費の勘定科目で処理し、期末（月次決算の会社は月末）に集合勘定である「未成工事支出金」勘定に振り替えます。さらに個別原価計算によって完成工事分の費用を確定させ、それを「完成工事原価」勘定に振り替えるという処理をすることになります。なかには赤字工事など、特別な理由によって完成工事原価勘定に振り替えることができず、未成工事支出金が異常に膨らんでしまう企業があることに注意が必要です。

⑸　工事未払金（貸借対照表関係）

　工事未払金とは、工事費の未払額（工事原価に参入されるべき材料貯蔵品購入代金等を含む）のことで、一般企業の「買掛金」に相当します。取引先から材料費、外注工事費の請求を受けた際に、前渡金と相殺した後の請求残高を貸方に記入します。

⑹　未成工事受入金（貸借対照表関係）

　未成工事受入金とは、引渡しを完了していない工事についての請負代金の受入金のことで、一般企業の「前受金」に相当します。工事の完成引渡し以前に受領する工事代金、手付金、前払金、中間金、中間前払金などを受領した場合は、すべて「未成工事受入金」勘定で処理します。

　建設工事は、他の業種と比較して完成までの期間が長く、かつ契約金額も多額になる傾向があります。仮に完成まで代金を受領できないとなると、立替払額が多くなり、建設企業の資金的負担が極めて重くなります。特に工事期間が数カ月や数年に及ぶ場合、着工し出すと材料や外注費などが発生し、支払が先行することになります。そうした支払いに対応するため、請負代金を完成時に一括して請求するのではなく、契約締結後、工事完了までの間に数回に分けて請求するのが通例です。

図表２－14　請負代金の支払方法

支払方法	特　　徴
完成払い	工事が完成し発注者が行う検査に合格した後に、発注者が工事代金を支払うもので、竣工払いとも呼ばれます。 　完成払いが請負代金支払いの原則であり、前金払いや部分払いは、請求があった場合に支払う性質のものと捉えられます。
前金払い	着工時に発注者が工事代金の一部（通常請負金額の40％以内）を支払うものです。請負者である建設企業には、着工資金の心配から解放されるメリットがあり、発注者側には工事の円滑な施工が期待できる等のメリットがあります。 　発注者からすると、前金払いをしたからには、その確実な保証が必要になります。それを担保するのが、前払金保証制度です。同制度の仕組みは、請負者が前払金を請求する場合、前払金保証会社の保証が必要になるというものです。 　なお、請負者が債務不履行になった場合、前払金保証会社は、原則として前金払額を限度に発注者に弁済することになります。 　また、前払金保証会社は、前払金が当該工事に適切に使用されるよう使途の厳正な管理を行うことが義務付けられています。つまり、前払金は運転資金として自由に使えるわけではなく、前払金を受領した工事にしか使用することができないことに留意する必要があります。

部分払い	発注者が工事現場に搬入済みの工事材料等（出来形）に相応する請負代金相当額（出来高）を、工事の完成前に支払うものです。部分払いされる回数は一律に決まっているわけではなく、契約書等に記載された回数で請求することになります。
	部分払いは資金調達面で建設企業にメリットがある一方で、発注者に対して部分払いに先立ち出来形部分と工事材料について検査・確認することを求めています。そのため発注者・受注者双方に、事務手続き上の負担が発生するというデメリットが指摘されています。
	こうしたことから、国土交通省は部分払いに伴う手続き上の改善策を打ち出しています。具体的には、既済部分検査、出来高の取扱いを改善した出来高部分払方式を導入しています。
	なお、出来形（できがた）とは、工事の目的物のできあがった部分、つまり工事完了部分のことで、工事現場に搬入した工事材料を含めて呼ぶこともあります。一方、出来高（できだか）とは出来形に相応する請負代金のことです。
中間前金払い	中間前金払いとは、工期の2分の1が経過し、工程表により後期の2分の1を経過するまでに実施すべき作業が行われ、かつ、工事の進捗出来高が請負金額の2分の1以上に達している場合、請負代金額の20％を支払うというものです。現在、国土交通省などの国の機関、地方公共団体などにおいて、部分払いに代えて中間前金払いを選択することが可能です。

⑺　完成工事補償引当金

　完成工事補償引当金とは、引渡しを完了した工事にかかる瑕疵担保のための引当金のことで、一般企業の「製品保証引当金」に相当します。税務上は損金に算入できないため、中小建設企業で計上している企業は少ないと思われます。

⑻　工事損失引当金

　工事損失引当金は、実行予算書の作成の結果、損失が発生することが確実と見込まれる場合に計上する引当金です。中小建設企業で計上している企業はほとんどないと思われます。

◆2　利益操作を見逃さない財務面のチェックポイントと収益分析

　前述した通り、建設企業では経審において高い評価を得るため、あるいは借入をしている金融機関からの信用力を高めるために、決算書の内容を改ざんするといったケースが少なくありません。当然ですが、経営状況を分析する際は、そのような部分を明らかにし、適正に修正した財務諸表にもとづいた分析を行う必要があります。そこで、ここでは利益操作を見逃さない財務面のチェックポイントについて解説します。

　財務面の実態を把握するためには、貸借対照表と損益計算書に分けて内容を分析する必要があります。以下、それぞれの注意点について詳しく説明します。

図表２－15　建設業法様式の貸借対照表と他業種との比較

貸借対照表　※建設業
令和×年×月×日現在

流動資産	×××	流動負債	×××
現金預金	×××	営業債務（工事未払金等）	×××
営業債権（完成工事未収入金等）	×××	未成工事受　金	×××
未成工事支出金	×××	その他	×××
その他	×××	固定負債	×××
固定資産	×××	純資産	×××
有形固定資産	×××	株主資本	×××
無形固定資産	×××	評価・換算差額等	×××
投資その他の資産	×××	新株予約権	×××
繰延資産	×××		
資産合計	×××	負債及び純資産合計	×××

貸借対照表　※製造業
令和×年×月×日現在

流動資産	×××	流動負債	×××
現金預金	×××	支払手形	×××
受取手形	×××	買掛金	×××
売掛金	×××	その他	×××
商品および製品	×××		
仕掛品	×××	固定負債	×××
原材料および貯蔵品	×××		
その他	×××	純資産	×××
固定資産	×××	株主資本	×××
有形固定資産	×××	評価・換算差額等	×××
無形固定資産	×××	新株予約権	×××
投資その他の資産	×××		
繰延資産	×××		
資産合計	×××	負債及び純資産合計	×××

（1）　実態バランスの把握における注意点

　貸借対照表は、企業のある時点（決算では、その末時点）の資産と負債＋純資産の状況を表したものです。実態を把握するためには、まず勘定科目ごとに適正な会計処理を行った場合の簿価を示す「制度会計上の貸借対照表」をチェックし、次いで不動産や保険積立金等の含み損益（換金したときの価格や時価等）を考慮した「時価ベースでの貸借対照表」をチェックします。

この２段階の検証の結果をもとに、「資産超過もしくは債務超過であるか」を把握するのがポイントです。そこで、実態バランスを把握するために、適正な処理を行った場合に必要となる修正仕訳を加味した「修正貸借対照表」を作成します（図表２－16参照）。

図表２－16　修正財務諸表（修正貸借対照表）の例（Ｘ社の例）

単位：百万円

	決算書	修正仕訳 No	修正仕訳 借方	修正仕訳 貸方	制度会計上の貸借対照表	時価修正額	時価ベース貸借対照表
流動資産	670		0	114	556	0	556
現預金	108				108		108
完成工事未収入金	70				70		70
未成工事支出金	350	1、2		104	246		246
短期貸付金	100				100		100
未収入金	40	6		10	30		30
その他の流動資産	5				5		5
貸倒引当金	-3				-3		-3
固定資産	655		0	175	480	-123	357
有形固定資産	340		0	5	335	-150	185
償却資産（建物、機械装置等・・・）	40	3		5	35		35
土地	300				300	-150	150
無形固定資産	5		0	0	5	-3	2
電話加入権	3				3	-3	0
その他の無形固定資産	2				2		2
投資その他資産等	310		0	170	140	30	170
投資有価証券	20	4		20	0		0
出資金	40	5		25	15		15
保険積立金	50				50	30	80
長期貸付金	200				200		200
貸倒引当金	0	7		125	-125		-125
資産の部合計	1,325		0	289	1,036	-123	913
流動負債	664		0	8	672	0	672
支払手形	10				10		10
未成工事受入金	200				200		200
未払債務	150				150		150
未払費用	0	8		3	3		3
短期借入金	300				300		300
賞与引当金	0	9		5	5		5
その他の流動負債	4				4		4
固定負債	500		0	80	580	0	580
長期借入金	500				500		500
退職給付引当金	0	10		80	80		80
負債の部合計	1,164		0	88	1,252	0	1,252
資本金	70				70		70
繰越利益剰余金	101				101		101
評価差額			377	0	-377	-123	-500
純資産の部合計	171		377	0	-206	-123	-329
負債・純資産の部合計	1,335		377	88	1,046	-123	923

※適切な会計処理に合わせて修正し、その修正仕訳にナンバーをふります。
　修正仕訳を行った原因が分かるように、修正仕訳一覧表に残します。

なお、各勘定科目について見るべきポイントは、以下の通りです。特に、操作性の高い（利益操作がし易い）勘定科目に注目して見ていきます。

① 完成工事未収入金が不良化していないか。

建設業における売掛金です。取引先の倒産等で、回収見込みのない金額が載ったままになっていないか、また、取引先ごとの金額ではなく、「その他」と一括りにされているため、実態が分からない金額がないか確認します。

② 未成工事支出金が実態を反映した数値になっているか。

前述した通り、業績不振の場合、未成工事支出金が恒常的に積みあがってしまうケースが多くみられます。例えば、赤字工事となってしまったケース、過去に倒産した取引先に対する未成工事支出金が処理できないままとなっているケースなどが考えられます。X社でも、過年度の赤字工事の原価が完成工事原価に振り替えられずに、長年、未成工事支出金が計上されたままになっており、その修正（104百万円）を行っています。

なお、検証する際の具体的なポイントは、完成工事高との割合で見てどうか、工事種類でみた場合にどうか（足の短い工事が主であれば、未成工事支出金はあまり大きくならない）、期間比較や同業他社の平均値（建設業保証協会のホームページ等に掲載されている経営指標から確認することができます）との比較などです。

③ 有形固定資産の評価は適切か。

不動産の時価修正では、特にバブル期に購入された不動産などを中心に見ていきます。有形固定資産は、本社土地等の事業用資産である限り、あえて時価ベースで見なければならないわけではありませんが、不動産の評価を時価ベースにした場合でも、資産超過であるのかどうかは、検証しておくとよいと思います。

④ 償却資産に減価償却不足がないか。

建物や機械装置等が法定対応年数に応じて適正に償却されているかを確認します。減価償却費の計上については、会社法等では正規の償却が義務付けられていますが、税法上は償却が税法の定める限度内であれば容認されること、企業の内部だけで実行できることから、償却費の計上を抑えて、利益を多く計上することが多々あります。外部による検証のポイントとしては、減価償却費が毎年大きく変動するような場合は要注意です。

⑤ 短期貸付金や短期貸付金や長期貸付金に資産性があるか。

経営者や経営者親族等への資金流出はないか確認します。また、特に注意が必要なのは、財務内容が悪化している子会社等を有する場合です。具体的には、経審の関係で赤字にできないことや、税務上の損金で落とせないことを理由に、放置されているケースが多くみられます。X社も子会社を有しており、長期貸付金の200百万円はこの子会社に対するものですが、子会社の財務内容の悪化に伴い、修正仕訳により貸倒引当金を引当計上しています。

⑥ 未成工事受入金や未払債務の未計上はないか。

未成工事受入金や未払債務などの簿外債務はないか確認します。よく受けられるのが、

未成工事受入金を誤って売上計上してしまうケースです。

⑦　退職給付引当金は適正か

　退職金規定があるかを確認します。ある場合には、退職金規定に基づき、適正な引当がされているかを確認します。たとえ退職金規定があっても、退職給付引当金は税務上の損金に算入できないため、適正な引当がされている企業は少ないのが現状です。X社でも、退職金規定がありながら、引当金が計上されていなかったため、修正計上しています。

　ここまで各勘定科目別に見てきましたが、大まかにいいますと、資産については「本当に実在しているのか」、負債については「計上漏れがないか」をきちんと確認することが大切です。こうした確認をした上で、金額に間違いがないのかを見ていくことになります。

(2)　実態損益の把握における注意点

　損益計算書は、企業のある一定期間（決算では、その期間）の収益の状況を表しています。実態把握をしていく上で重要なのは、会計基準に則り会計処理をした場合の売上の中身と、それに対応する原価や経費に分けて、「何で収益を上げて、どの部分の収益が悪いのか」を見極めていくことです。

　見るべきポイントは、損益計算書に計上されている工事一本ごとの売上が正しく計上され、さらにそこに原価が正しく紐づけられているかです。具体的には、完成工事高については、工事一本ごとの計上方法（工事完成基準・工事進行基準）に基づき正しく計上されているか、例えば決算日を越えて完成引渡しとなる工事を当期に入れるなどのいわゆる「先食い」がないかをチェックします。また、それに対応した原価（材料費や外注費等）がきちんと工事一本ごとに紐づけられているか、具体的には「当期の利益を大きく見せるために、当期の完成工事にかかった原価を未成工事支出金に残していないか」といったことについて、慎重にチェックする必要があります。このように実態損益の把握に近道はありません。工事一本ごとに見ていく必要があります。

　その際、特に注意すべきなのは、「決算期末近くにおいて逆仕訳の処理等が行われていないか」という点です。通常、企業は月次試算表を作成していますが、決算日近くなって「決算内容が思わしくない」ということが判明すると、月次で積み上げた経費を逆仕訳することで経費を抑えようとするケースが少なくありません。そうした場合には、その内容を詳しく見ていく必要があります。また、「決算時の間接費（各工事別に直課できない経費）の配賦基準が、各年度において変更されていないか」についても確認する必要があります。

図表2－17　修正財務諸表（修正損益計算書）の例（X社）

単位：百万円

	決算書		修正仕訳	修正仕訳		修正損益計算書	
		比率	No	借方	貸方		比率
完成工事高	2,000	100.0%				2,000	100.0%
完成工事原価	1,762	88.1%				1,861	93.0%
外部購入原価	1,631	81.6%				1,730	86.5%
材料費	230	11.5%				230	11.5%
外注加工費	1,100	55.0%	1	100		1,200	60.0%
その他経費	300	15.0%				300	15.0%
間接費配賦額	1	0.1%				0	0.0%
付加価値	369					270	
付加価値率	18.5%					13.5%	
固定工事原価	131	6.5%				131	6.5%
労務費	130	6.5%				130	6.5%
間接費配賦額	1	0.0%				1	0.0%
売上総利益	239					140	
粗利率	11.9%					7.0%	
販売費及び一般管理費	146	7.3%				146	7.3%
人件費	78	3.9%				78	3.9%
減価償却費	3	0.1%				3	0.1%
その他経費	65	3.3%				65	3.3%
営業利益	93	4.7%				−6	−0.3%
営業外収益	1					1	
受取利息	0					0	
雑収入	1					1	
営業外費用	25					25	
支払利息	24					24	
雑損失	1					1	
経常利益	69					−30	
特別利益	0					0	
特別損失	0					277	
過年度損益修正損			2	4		4	
過年度減価償却費			3	5		5	
投資有価証券評価損			4	20		20	
出資金評価損			5	25		25	
貸倒損失			6	10		10	
貸倒引当金繰入額			7	125		125	
賞与引当金繰入額			9	5		5	
退職給付費用			10	80		80	
その他の特別損失			8	3		3	
税引前当期純利益	69					−307	
法人税等	28					28	
当期純利益	42			377	0	−334	

EBITDA　96　　　　　　　　　　　　　−3

※ EBITDA は、本業における損益上のキャッシュ獲得能力をみる指標で、借入金利の支払や税金、借入の返済をする
　原資となります。
※特別損失には、貸借対照表上で発見された修正項目が反映されています。

なお、修正損益計算書の作成にあたっては、貸借対照表上で発見された修正項目の内容も含めて、修正していくことになります。具体的に示したのが図表2－18ですが、ポイントは仕訳を行った原因や要因を備考欄に明示することです。

図表2－18　修正財務諸表（修正仕訳一覧表）の例

単位：百万円

No	Dr	Cr	区分	金額	備考
1	外注加工費	未成工事支出金	製造原価	100	当期における工事原価の過少計上額。
2	過年度損益修正損	未成工事支出金	特別損失	4	過年度に倒産したA社に対する未成工事支出金の損失処理。
3	過年度減価償却費	償却資産（建物、機械装置等…）	特別損失	5	過年度減価償却不足額。
4	投資有価証券評価損	投資有価証券	特別損失	20	B社株式の時価が著しく下落したため、評価損計上。
5	出資金評価損	出資金	特別損失	25	子会社の財務内容悪化に伴う評価損計上。
6	貸倒損失	短期貸付金	特別損失	10	過年度に倒産したA社に対する短期貸付金の損失処理。
7	貸倒引当金繰入額	貸倒引当金	特別損失	125	子会社の財務内容悪化に伴い、子会社への長期貸付金につき引当計上。
8	その他の特別損失	未払費用	特別損失	3	当期末までに発生した経費につき未払計上。（当社では過年度において未払計上をしていないため、便宜的に特別損失として計上している）。
9	賞与引当金繰入額	賞与引当金	特別損失	5	当期末までにかかる賞与負担額につき引当計上。
10	退職給付費用	退職給付引当金	特別損失	80	当期末時点における要退職給付引当金計上額を計上。

　以下、実態損益の把握にあたっての主なポイントについて説明します。

① 部門別や分野別（取引先や工種）の収益力の把握

　事業が複数にわたる企業の場合は、部門別で収益力を算出していくことになりますが、1つの事業だけ行っている企業の場合でも、どの分野（取引先や工種）の収益力が高いのかを明確化することが重要です。もちろん会社全体で黒字、あるいは赤字であるかを明確にすることも重要ですが、ここではその中身を分析することに主眼におきます。その際に用いるのが、後述する「付加価値」という指標です。

　通常、ある工事で利益が出ているのか、出ていないのかをみる場合、「粗利益（売上総利益）」を指標に用いるのが最も一般的です。粗利益とは、各現場の完成工事高から現場にかかった材料費、外注費、労務費、工事経費を差し引いたもので、現在、多くの会社で用いられている指標です。例えば、現場の技術者にとって「自分の給料分くらいは現場で稼ぐ」という意識は必要であり、その際の指標として粗利益へは有効です。

　しかし、工事一本ごと、あるいは部門別・分野別に粗利益を算出するとなると、現場技術者の人件費等、間接費の配賦に恣意性が介在するなど、粗利管理には多くの問題点があります。そこで、粗利管理にかえて、付加価値によって収益力の明確化を図ります。付加価値とは、X社の損益計算書からも見てとれる通り、完成工事高から材料費、外注費、工事に直接紐づく工事経費を差し引いたものです。言い換えれば、付加価値は現場人件費等の内部原価を差し引く前の工事利益といえます。

　付加価値による収益分析では、一本一本の工事の付加価値を算定した上で、過年度（5

年程度）の工事について、部門別や分野別の分析を行います。具体的には、「どの部門・分野で付加価値率が高いのか」、「ここ数年の傾向として、付加価値率が高まっているのか、もしくは低下しているのか」を把握します。

② 正常な収益力の把握

　正常収益力とは、各企業が事業そのものとして生み出す実態の利益や、それを生み出す力のことで、毎年決算を行う際に算出される利益全体から、その事業と関係のない損益や非経常的に発生する損益を差し引くことで算出されます。例えば、建設業では自然災害等による災害復旧工事で、ある年だけ急に完成工事高が大きくなることがあります。それが例年対応している程度の大きさであれば問題ありませんが、明らかに通常の金額と乖離がある場合などには、差し引いて考えたほうがよいでしょう。

　原価の計上に関しても同様です。例えば、通常ありえないような突発的な事態によって赤字工事が発生し、その一本の赤字工事のために会社全体の利益が大きく損なわれてしまうというケースが想定されます。そうした場合には、その工事を差し引いて考えるか、少なくとも、その工事を入れた場合と、入れなかった場合の2つの資料に基づいて分析する必要があります。

③ 期中の業績管理について

　期中の業績管理については、月次試算表によってチェックするのが一般的ですが、建設業の場合は、工事が完成するまで売上計上ができず経費が先行してしまう、場合によっては決算前に一気に売上計上されたりします。そのため、はたして当該工事が儲かっているのか、今期の決算において黒字を確保できそうなのかが分からないといったケースが多くみられます。

　そこで、建設業の場合は、想定される固定費をベースに、「年間でこれだけの付加価値を積み上げたら、年間での利益が達成できる（赤字にならない）」という付加価値目標を立てます。そして、その目標に対して、受注済みの工事と営業中の工事で計上できそうな付加価値を月に一回程度、精査・集計する。そうすることで、目標との差を見ていくという仕組み作りが重要になります。

　なお、具体的は方法については、次章の事例で詳しく解説します。ここでは、「建設業の期中の業績管理は、月次試算表とは別に管理資料を用いて行う」ということだけ、頭に入れておいていただければ大丈夫です。

(3) まとめ

　ここまで財務面の実態把握について説明してきましたので、あとは何を確認するかです。具体的には、以下のことを確認する必要があります。

- 現時点で、資産超過なのか、もしくは債務超過なのか。債務超過に陥っている場合には、その原因（窮境原因）は何だったのか。
- 足元の収益力はどうなのか。この数年間（3～5年）で、実態の収益力はよくなって

いるのか、悪くなっているのか。仮に実質債務超過で、かつ実態損益が足元で赤字であれば、当該企業は経営破綻の瀬戸際にあるといえます。

- 会社全体の収益力のみならず、部門別・分野別に見た場合にどうなのか。
- 上記期間のキャッシュフローはどうなのか。また、必要運転資金はどうなのか。必要運転資金とは、営業債権と棚卸資産の合計から営業債務を差し引いた金額ですが、建設業の勘定科目でもう分かりますね？
- また、修正損益計算書をもとにEBITDAを確認します。EBITDAとは、利払い税引き前減価償却償却前利益のことです。これは本業における損益上のキャッシュ獲得能力を見る指標で、借入金利の支払や税金、借入の返済をする原資になります。
- 現状の収益力に対し、負債の状況（債務返済年数）はどうなのか。
- 同業種、同規模の会社と比べて、各種経営指標がどうなのか。

≪必要運転資金の計算≫

必要運転資金＝営業債権＋棚卸資産－営業債務

単位：千円

営業債権		営業債務	
受取手形	30,000	支払手形	100,000
完成工事未収入金	100,000	工事未払金	80,000
棚卸資産		未成工事受入金	300,000
未成工事支出金	400,000		
営業債権＋棚卸資産　計	530,000	営業債務　計	480,000

必要運転資金	50,000

III
建設業の事業面の確認ポイント

　建設業における事業面の実態把握は、外部環境と内部環境に分けて行います。

　まず、外部環境についてですが、これはすでに本章I-1で取り上げた通り、公共工事や民間設備投資、競合他社のことで、そうした動向を探ることによって市場全体の動向を把握します。具体的には、外部環境ごとにエリアや工事種類など、企業の特徴に沿ったかたちで分析することによって動向を探ります。なお、I-1で詳細まで説明しているので、ここでは割愛します。

　一方、内部環境とは、自社内部の人、物、金、情報等のことで、それらの状況についても把握する必要があります。具体的には、営業面、施工面、情報管理面の3つの切り口から強みや問題点を把握することになります。そのための情報収集ですが、1つは企業の経営陣、幹部社員、一般従業員等からのヒアリング（個別面談）によって、もう1つは企業が保有する管理資料、実施されている会議の内容等から把握します。なお、前述した3つの切り口を簡潔に表現すると、以下の通りです。

1	コスト競争力はあるのか？
2	営業力はあるのか？
3	社内の情報共有はできているのか？

　これら3つの項目は、建設業の「本業」に絞った際に、まず挙げられる経営課題です。そこで、この課題をもとに、それぞれのチェック項目の詳細を見ていくことにしましょう。

　ただし、地域金融機関の職員の方が支援企業の経営者や従業員にヒアリングを行い、これらの内容をチェックしていくというのは、あまり現実的ではないかもしれません。例えば、企業自身がこれらの経営課題に対して、どのように認識しているのかを問いかけ、この問いに対して、企業がどのようなポイントを整理して返答してくるのかを見るという方法が考えられます。こうした方法によって、企業がどこまで自社の実態把握ができているか、おおよその判断ができるはずです。

◆ 1 コスト競争力はあるのか？

　建設業では、受注見込み案件に対して積算（見積り）を行い、受注した後は実行予算書を作成し、それに基づいて予算管理をしていきます。例えば、いくらコストばかり追っていても、工程管理（現場管理）がしっかりしていなければ、工期が遅れ、その結果、コス

トが膨らんでしまいます。つまり、工程管理（現場管理）能力もコスト競争力において重要な源泉の１つなのです。また、前述した通り、最近では総合評価方式の導入が進んでいます。この総合評価方式への取組みも、コスト競争力につながるので重要な源泉の１つといえます。

　以上から、コスト競争力を検証するには、積算（見積）、実行予算管理および発注体制、工程管理（現場管理）の３点を中心に見ることが重要になります。

---

(1)　積算（見積）能力

①　積算における検証ポイント

　積算の目的は、これをベースに競争力のある見積書を顧客に提出することによって、受注活動を支援することです。しかし、赤字受注となっては意味がありませんので、当該企業でできるギリギリのラインを把握して積算することが重要になります。

　中小建設企業の場合、独立した積算部門を持っている企業はそう多くはありません。そのため、まずはどの部署で積算をしているのかを確認します。企業によっては、営業部門で担当していたり、工事部門で担当しているので、きちんと確かめてください。また、最近は競争入札を導入する発注先が増加傾向にあるため、積算する件数も増加傾向にあります。そうした状況の中、どのようにして少ない人材で迅速に正確な見積原価の計算を行うかも重要なポイントになります。具体的な検証ポイントは、以下の通りです。

```
≪積算（見積）能力の検証ポイント≫
・物件毎にライバルの動向に対する情報収集が的確か
・営業担当者と密な情報交換を行っているか
・現地調査を行っているか
・自社原価の反映はできているのか
・現場経験がある担当者か（特に営業部門で積算している場合）
・協力業者からの見積を、材料と工数（人数）まで把握できているか
```

②　「自社原価」について

　このうち、特に重要なのが「自社原価」です。企業によっては「社内原価」という言葉が使われる場合もあるので、注意してください。

　よく、営業担当者に「普通に積算をしていては、競争に勝って受注することができない」と言われ、根拠もなく利益が出るように原価を変えてしまう会社がありますが、それは積算ではありません。積算は、あくまでも当該企業で実際にとった歩掛りデータや過去の見積り単価など、現場実績から収集して統計的に算出した標準的数値（単価）をもとに算出したものでなければ意味はありません。つまり、積算は「自社の標準単価×標準歩掛り」（自社原価：社内原価）」をもとに算出するべきであり、地域金融機関としては、「取引先がどのよ

うに自社原価を構築し、共有し、活用しているのか」を確認することがポイントになります。

その際、単価よりも重要なポイントになるのが歩掛りです。というのも、単価は日々変わっていきますが、歩掛りはさほど変わらないからです。したがって、地域金融機関としては、各現場から集めた歩掛りデータを統計的に集計し、それを積算に活用ができているかどうかを確認することが重要なポイントになります。

もう1つ、自社原価の基準がデータベースや書面で整備されているかを確認することも重要です。というのも、中小企業の場合、積算担当者の頭の中に自社原価の基準はあっても、明文化されていないケースが多々あるからです。個人的な能力に依存していては、組織として積算力があるとは言えません。地域金融機関としては、そうした企業に対して、自社原価の算出に関する規則を整備するよう促すべきです。組織としての積算力が備われば、地域金融機関としても受注した工事によって見込める利益、つまり社長が下した入札額に対して、納得のいく説明が得られることになります。

なお、社内原価を算出する規則を整備する際、基本となるのが、①仮設（直接・間接）、②土木、③躯体（鉄骨工事、型枠工事、鉄筋工事）、④仕上げ工事（左官、塗装）、⑤常用単価（職人の日当たりの単価）で、これらを建物種類ごとに整理していきます。反面、設備やサッシなどのメーカー物はあまり価格が変わらないので、重要性は低くなります。

③ 積算に問題がある場合の対応

前述した通り、建設業の場合、受注見込み案件に対して積算（見積り）を行い、受注した後は実行予算書を作成し、それに基づいて予算管理を行うことになります。企業によっては、積算時⇒実行予算策定時⇒精算時（工事竣工時）と利益を上げていく会社がありますが、こうした企業は現場の力の強い会社だと考えられます。一方、積算時⇒実行予算策定時⇒精算時と利益が徐々に下がっていく会社の場合は、現場の力が弱いか、積算に問題があります。そうしたケースでは、まずは工事の一覧表で工事の利益率がどのように推移しているかを確認します。そうすることによって、より深く詳細にチェックすべきポイントを絞り込むことができるのです。

また、積算が弱い理由として、前述した「自社原価」が把握できていない場合のほかに、熟練不足や多忙ゆえに数量の拾いモレが起きてしまうケースが多くみられます。特に気を付けなければいけないのが、役所の参考数量で契約したケースです。もしモレが発生すると、後から下請業者に追加請求されることが少なくないからです。

そうしたリスクを回避するためにも、大規模工事の場合は、工事を受注する段階で積算を外注し数量をすべて拾ってもらう、もしくは下請業者にすべて拾ってもらい、その数量で契約することで、責任施工してもらうといった対応をとるべきです。特に積算人員の少ない会社の場合は、こうした積算段階でのリスク対応をしておくことが重要です。地域金融機関としては、調査の結果、当該企業の積算力が弱いと判断される場合には、上記のアドバイスをすることも有用です。

⑵　実行予算管理および発注体制

①　実行予算管理について

　本来、実行予算書は、「これだけの費用で工事を完成させる」という現場代理人の力強い宣誓書です。どのような作業方法や順序でやるかによって原価は変化しますので、現場代理人のこれまでの現場経験や社内の知恵を集め、工夫を込めて作成します。取引先企業の実行予算書を見せてもらう際には、必ずどのような工夫が込められているのかを聞きましょう。

　前述した通り、積算はお客様に提出するための基準に基づいて積み上げた金額であるのに対して、実行予算は目標に対して利益管理を行うことによってコストダウンを図ることが目的なので、似て非なるものです。例えば、積算は1週間程度で作成しなければならないという制約がありますが、実行予算の場合、大規模工事になると通常2～3か月かけて詰めていくことになります。そのため、早い段階から次の現場代理人を指名しておく必要があります。

　実行予算管理において、よく問題となるのは、作成時期の遅れ、作成者によって金額や構成にばらつきがでること、精度の低さが目立つこと、そして作りっぱなしになっており予実管理ができていないことなどが挙げられます。そこで、実行予算管理および発注体制については、以下の項目を中心に検証します。

≪原価管理および発注体制の検証ポイント≫

- コストや数量・工数の把握はリアルタイムでできているか
  - ⇒ 追加変更工事に対する把握はできているか
- 外注先と価格交渉、擦り合わせは的確か
  - ⇒ 交渉ややり方、過去見積との比較や相場との比較、人及び機械の工数の管理
- 工法などの提案を外注先に行っているか
- 材料単価及び数量と人工及び工数までの管理ができているか
- VE が水平展開されているか

　よく、効率化のために実行予算書の作成を部長一人が行い、各現場代理人はその実行予算書の通りに現場を完成させることに全力を注ぐという役割分担をしている企業が見られます。しかし、一概には言えませんが、実行予算書の作成はできれば各現場代理人や行うことが望ましいといえます。そのほうが、現場代理人に工夫の余地が生まれ、原価意識も生まれるからです。

　実行予算書の作成においては、できるだけ具体的に記載していく必要があります。例えば、実行予算書に「パネルゲート一式」というように、「一式」という記載方法はよくありません。具体的にサイズやレンタル期間、取り付け作業人数、撤去作業人数を記載することが重要です。このように細分化することによって、VE案（Value Engineering: 開発設計段階から生産物に必要とされる機能や品質を考えて、コスト低下につながる提案をすること）を作成し、実際にそのVE案を元請企業や施主に提案します。そして、それが採

用されれば、成功例として他の現場にも応用する。地域金融機関にとっては、こういう水平的な展開ができているかという点にも、注意する必要があります。

なお、工事関係については詳細に記載されているが、例えば起工式について、「営業がイベント屋に手配したので詳細は分からない」といって「一式」で記載されているケースが多々あります。しかし、起工式についても、出席人数や幕の手配など、実行予算内の費用はすべて現場代理人が責任を持って仕様を記載するという意識が重要です。そのような意識を持って１件１件の工事の実行予算書を作成している企業ほど、一般的にコスト競争力が高いといわれています。

② 発注方式（２方式）のメリット・デメリット

発注体制（方式）については、大きくわけて以下の２通り、企業がどちらの体制をとっているのかをまずは確認しましょう。

１つは、個別現場代理人による発注方式です。この方式の場合、現場代理人に「任されている」という気概が生じ、それが「やる気の向上」につながるという面がある一方で、購買情報が社内に共有されにくく、効率的なコストダウンができにくいというデメリットがあります。したがって、この個別現場代理人による発注方式をとっている場合には、「他の代理人の発注単価がどうなっているかを確認できるデータベースが存在するか」、「タイムリーに上司のチェックを受けられる体制になっているか」といったことについて確認します。

もう１つは、社内に購買部門を設置し、購買部門がまとめてすべての工事（もしくは大部分の工事）の発注を行う集中購買方式です。この集中購買のメリット・デメリットは、以下の通りです。

集中購買方式のメリット・デメリット

メリット	デメリット
● 新規業者の参入容易→コストダウン可能性大	● 所長のやる気阻害の可能性あり
● 購買価格情報の一元化→効率的コスト管理	● 新規業者増加→作業所でのトラブル
● スケールメリットを活かせる	● 下請業者との取り極め条件が合わないときがある
● 所長業務を購買業務から相当部分解放	
● 購買の専任→業務の効率化	● 外注先と購買担当の癒着

必ずしもどちらの方式が良いとはいえませんが、建設業の場合、原価の７割程度を外部に発注するなど、外部購入ウェイトが高いという特徴があります。その意味では、購買管理のやり方次第で利益率が大きく改善される可能性があるといえます。いずれにしても、現場代理人のやる気を維持しつつ、集中購買的なシステムを早急に導入することが喫緊の経営課題ではないでしょうか。

なお、上表にある通り集中購買の問題点の１つに、下請業者との取り極め時期が遅れてしまう、具体的には下請けと金額の折り合いがつかず、取り極め時期を延ばさざるを得ないといったリスクがあります。購買担当者からすれば、直接困るわけではないので、この

ようなことが発生してしまうのです。

　一方、現場代理人や現場の担当者は、金額が決まっていない段階で下請業者に仕事をやらせるわけにはいかないので、結果的に作業の遅延を余儀なくされます。というのも、金額が決まっていない段階での下請業者への業務委託は、建設業法上問題が生じる可能性があるし、もし裁判にでもなったら、余分な費用がかかってしまいかねないからです。そもそも取り極め時期が延びたからといって金額が下がるわけではないので、現場代理人や現場の担当者にとっては、泣きっ面に蜂となりかねないのです。このように取り極めを残すことは、さまざまリスクに直接つながるだけに、どうしても実行予算と金額がかけ離れていて取り決めできない場合は、早急に組織的な対策をとる必要があります。

　例えば、取り極めができていなければ、業者を呼んで最終工程を詰めるといった打合せはできないので、工期を短縮することができません。さらに最悪なのが、取り極めをしない段階で業者を入れてしまうことです。そうなると金額を交渉する余地がなくなってしまい、下請業者側が圧倒的に有利になります。

　そもそも購買部は現場のために働くのが基本ですが、ともすると「集中購買」を担当することによって、現場の上にいるような感覚を持ってしまうケースがよく見受けられます。そうしたケースに直面した場合は、「購買部の役割は、もちろん全体最適を考えることも重要ですが、それ以上に現場代理人の意見を聞き、それに近い条件で取り極めをすることが重要ではないでしょうか」と、再度徹底するよう促すべきです。

　以上見てきた通り、集中購買には様々なメリット・デメリットがあるため、中小建設業の多くが手探り状態で導入しているというのが実情です。したがって、金融機関の担当者としては、まずは自ら集中購買方式のメリット・デメリットを十分理解し、その上で当該企業の状況に合った適切なアドバイスを行う。そうすることによって、関係企業との関係強化につなげることができるのです。

③　原価管理等

　また、ここ数年、下請業者の倒産・廃業が多くなっているため、下請業者がほぼ固定化されてしまっているケースが多くみられます。そうした状況がみられる場合は、現場において固定化している業者と一緒に工夫するなど、生産性向上に向けた取組みを促すことによってwin-winの関係を築くことが重要です。もちろん同時に新規業者の発掘を行うよう促すことも重要です。

　もう１つ、原価管理においては下請業者との責任区分を明確化することも重要です。例えば、マンションの室内クロスは最もクレームになるパーツですが、もしクレームによってクロスの張替等が生じた場合、費用は自社の負担になるのか、それとも下請業者の負担とするのかで利益は大きく変わってきます。一般的には、よほどの管理不行き届きがある場合を除き、下請業者の負担となると考えられますが、それを自社で負担している中小企業も多くみられるので、注意してください。

　その他にも、下請業者との仕事の線引きができていないため、現場代理人が本来の仕事である利益管理に時間を使えないといったケースも散見されます。下請けへのしわ寄せは慎むべきですが、ルールをきちんと構築し、それをお互いに守る仕組みをつくるべきです。そうすることによって、お互いに納得した作業ができるようになるのです。

　反対に施主や元請け対応として、よく問題になるのが追加工事の案件です。おそらく多くの担当者が、取引先企業の社長から「追加工事は請求できない」、「追加工事があったから赤字になった」という話を聞いたことがあるのではないでしょうか。こうした話があった場合、まずはどのように追加工事の請求をしたかを確認してください。もし本体工事の利益率と同じ基準で算定しているようであれば、発想の転換を促すべきです。というのも、工事の受注時は競合他社との競争から価格を抑えて見積りを出す必要がありますが、追加工事の場合、競争相手がいないので、最低２割の利益を乗せるべきだからです。もちろん、そのためには本体工事で人間関係をつくっておくということが重要なポイントになります。

⑶　工程管理（現場管理）

　現場での工程管理は、設計図書で意図された品質を確保し、原価をオーバーさせずに、契約された期日内に、安全を確保しながら工事を竣工させることが目的です。換言すれば、この品質、コスト、工期、安全という４つの管理項目を確実に実現するために不可欠なのが、工程管理ということです。

　適正な工程管理ができなければ、当然工事は遅れ、その分コストがかかります。一方、工程管理がうまくいき、無理なく工期を短縮することできれば、共通仮設費や現場経費などのコスト削減を図ることができるので、確実に利益アップにつながります。

　工程管理（現場管理）の確認ポイントは、以下の通りです。なお、工程管理に必要な工程表や仮設計画に有用なパソコンソフトがあるので、それらを利用して効率化を図ることもアドバイスとして有用でしょう。

```
≪工事管理（現場管理）の検証ポイント≫
・単価、数量、工数をリアルタイムで把握できているか
・工程の遅れがすぐに把握できるようになっているか
・協力業者と連携した工期単収などの取組みができているか
・現場のトラブル（工期遅れ）に対応するための組織体制はできているか
・現場レベルのノウハウを伝承できる体制か
・総合評価方式への取組みはどうか
```

　お客様の都合や近隣の影響で乗り込みが遅れるなど、工期が遅れる理由はいくらでもあります。なかには工期遅れが常態化している会社さえ見受けられますが、前述した通り工期が遅れると人件費や仮設のレンタル代などお金が出ていきます。工期は後になるほど、詰めるのが難しくなるので、できるだけ早期に詰めておくことが重要です。例えば、工期

が遅れている場合は、部長クラスが現場に常駐して指示を出す、また近隣、下請問題など
の場合は会社として対応するなど、組織的に対処しているかどうか確認しましょう。

　「価格」と「価格以外の要素」を総合的に評価して落札者を決める総合評価方式の対応
にも目を向ける必要があります。ここでいう価格以外の要素とは、技術力、品質、施工実績、
保有資格、地域貢献度など、様々な要素が該当します。対応策としては、施工計画、施工
実績、現場代理人の能力、地域貢献など、それぞれについてレベルアップを図るしか方策
はありません。したがって、地域金融機関の職員としては、日常の工事施工において評価
内容を高めるよう促していくことが重要になります。

　地域金融機関の職員が総合評価方式の対応をチェックする際、最も分かりやすいのは工
事成績評点だと思います。前述した通り工事成績評点とは、公共工事において工事が完成
した段階で、発注者が工事ごとの施工状況、出来形及び出来ばえ、技術提案などを採点す
る工事の通知表（成績表）のことです。ただし、この工事成績評点にも気をつけなければ
いけない点があります。それは、整備局や地方自治体によって評点の基準が異なる場合が
あるということです。そうしたリスクを軽減するためには、事前に「○○県の場合、大体
70点程度が平均で、大体80点とれば優良です」といった具合に、企業に補足説明しても
らうことが大切です。

2　営業力はあるのか?

　いくらコスト競争力があっても、営業力のない企業は生き残れません。コスト競争力と
営業力は、建設企業の両輪であり、どちらもうまく回す必要があります。

　従来、建設業は国や都道府県、市町村からの公共工事等を受け身の形で受注するケース
が主流だったため、自ら提案や企画を持ち込み、積極的にアピールする姿勢に欠ける企業
も少なくありませんでした。しかし、リーマンショック以降、国等の公共工事予算が減少
する中で、公共工事、民間工事にかかわらず、自社の持つ技術や得意分野を駆使し、積極
的な営業を展開することが求められるようになっています。したがって、地域金融機関の
職員は、取引先企業がどのように取り組んでいるかについて、きちんとチェックする必要
があります。具体的には、以下の通り営業体制と営業情報管理の観点から営業力を確認・
チェックすることになります。

(1)　営業体制

　中小建設業の営業は、社長やその他役員（特にオーナー系企業の親族関係）といったトッ
プ営業に頼りがちで、組織的な営業になっていないケースが多くみられます。そこで、ま
ずは組織としての営業体制が構築されているか、またその営業部門と外部との連携（コネ
クション）はきちんと取れているかといった営業体制について見ていきます。具体的には、
下記内容を確認します。

≪営業体制の検証ポイント≫

- 公共、民間別に会社全体で体制が整っているか
- 担当者に営業方針が伝わっているか
- 現場代理人と連携した動きがとれているか
- 外部との連携（コネクション）が築けているか
- 親密な設計事務所はあるか、連携がとれているか
- 地元の不動産業者との連携はできているか
- 地元他業種の企業との関係は良好か
- 既存客への定期的なアプローチはできているか

⑵　営業情報管理

　安定的な受注を確保するためには、既存の顧客管理と新規営業見込み管理を同時進行で行う必要があります。まだまだ社長によるトップ営業が主体のため、営業情報がブラックボックス化している会社も多いようですが、組織的な営業活動を行うためには、ターゲットの明確化、訪問計画の作成・進捗管理、案件のリスト化など、社内で営業情報を共有しながら、効率的に営業を行っていく必要があります。具体的には、以下のポイントによって営業情報管理の状況を確認します。

≪情報管理の検証ポイント≫

- 民間工事を中心に新築案件等の情報が明文化されているか
- 既存客への訪問履歴、修理履歴等の情報管理はできているか
- 顧客、訪問履歴の DB 化はできているか
- 情報を営業担当者、現場代理人ともに利用できているか

　特に注意していただきたいのが既存客への訪問履歴、修理履歴等の情報管理です。ここでは、「顧客カルテを作っているか」、そして「日常的に内容を更新しているか」といった点を見ていきます。具体的には、「いつだれが訪問したか」、「顧客のだれとどのような会話をしたのか」など、次に他の担当者や上司が訪問した際にも内容が分かり、発展的な会話ができるように、詳細に履歴を残しているかがポイントになります。

　例えば、顧客との会話の内容まで記載してあれば、顧客の現在のニーズや要望が分かるので、次の仕事につながる提案ができるかもしれません。また、現在定期的に仕事を受注している顧客に対して、競合他社とのシェア（占有率）を見ながら、シェアが低い場合には重点取引先として訪問回数を増やすなど、対応先を見極めることができます。

⑶　社内の情報共有はできているのか？

　前述した通りコスト競争力と営業力は建設企業の両輪ですが、それを下支えするのが企

業の組織力です。企業の組織力は、会社の方針（社長方針）から各工事におけるＶＥ情報まで、大小さまざまな情報をどれだけ社内で共有化しているかによって大きな差が出ます。そこで、この情報の共有化について、ミーティング、管理資料、方針管理の3つの視点から詳細を見ていきます。

　ミーティングは、すべての工事や営業活動などを会社一番のやり方で行うための情報共有のプロセスです。建設業では、「自分のノウハウは自分のものだから、他人には教えない」といった特有の文化が未だに根強く残っています。そのため極言すれば、同じ会社であっても、別の人が担当すると違う品質、違うコストになってしまう可能性があるといえます。また、新米の担当者が自分だけの考え方で進行ミスをしてしまう、相談したくても相談できる人や場がないといったことも懸念されます。
　そこで、会社一番の品質やコストを全社共通のものにするために、個人のノウハウを共有し、会社全体としてのコスト競争力や品質、サービスを向上させることが、ミーティングの目的となります。また、効果的なミーティングを行うことが、現場の担当者を組織的に支援し、負担を軽減することにもつながるのです。
　地域金融機関の職員としては、まずは取引先企業でどのような目的でミーティングを行っているか聞いてみましょう。

≪情報の共有化に関する検証ポイント≫
- **ミーティング**
  - 情報共有をしようという意識、風土があるか
  - 目的に応じた会議体制になっているか
- **管理資料**
  - 会議目的に応じた管理資料ができているか
  - 会社方針（行動計画）が明確で、それに基づく進捗管理ができているか

　以上見てきた通り、建設業の事業面で重要なのは、営業力とコスト競争力を高めることです。そして、そのためには会社全体の情報共有の仕組みを整える視点が求められるわけですが、外部の金融機関という立場から、すべてを網羅的に検証していくことは難しいと思います。そこで、例えば、営業力はあるが、コストがいつも実行予算をオーバーしてしまう会社、またはその逆といった会社の特徴に応じて、重点的に見ていくポイントを判断するようにしましょう。

第 **3** 章

ある銀行員の
建設企業取引先開拓奮闘記

<はじめに>
　本章は、第1章、2章で説明した企業の目利きや建設業ならでは
の業界特性のポイントを実務で生かせるよう、事例形式で説明して
います。そして、事例を読む中で第1章、2章の振り返りができる
よう、事例文の中に第1章、2章の参照ページを入れていますので、
ぜひこの事例を通じて「知識を生かす目線」を学んでください。

I
企業を担当することになった
入行2年目の大久保さん

　大久保さんは、地域金融機関のみどり銀行に入行して2年目となり、すでに数か月たちました。地元の大学の経営学部を卒業し、大好きな地元での就職を目指して就職活動を行った結果、みどり銀行に入行しました。入行1年目は預金や融資などの内勤業務を担当し、今年から融資先を担当することになります。銀行の内部研修で財務分析や融資研修などを受けてはいるものの、実際に融資先企業を担当し、実務で活用するのは初めての経験なので不安を感じながらのスタートです。大久保さんは、財務分析などに少し苦手意識を持っていますが、明るく、だれでも臆せず話せ、分からないことを隠さず率直に質問するため、上司や先輩をはじめだれからも好感が持たれるキャラクターの持ち主です。

　大久保さんが配属されたのは、みどり銀行みどり川支店で、同支店は、みどり県みどり川市にある母店です。みどり川市は、みどり県第三規模の地方都市で、みどり県の県庁所在地からは電車で30分程度の距離にあります。そのためベットタウンとしてマンションや住宅の需要も比較的見込め、郊外には製造業工場などの進出もみられます。また、人口も周辺エリアからの流入が期待できるので大きく減ることはない予測です。特に近年は病院の新築や改築、保育園や介護施設の建設など、非住宅市場の建設需要も比較的安定して推移しています。したがって、みどり銀行としては、法人取引、個人取引とも今後も成長を見込める重要なエリアという位置づけです。

　みどり川支店の支店長は、宮崎支店長です。みどり銀行初の総合職の女性として一番出世で支店長になった人です。支店長としては、みどり川支店が3店舗目で、母店の支店長として抜擢されました。

　宮崎支店長は、大久保さんの明るい性格とコミュニケーション能力を評価しています。そのため、内勤だけでなく、取引のある企業を担当させることで長所を生かせると期待しています。宮崎支店長は大久保さんの担当上司として、石井課長を指名しました。

❖

宮崎支店長「石井課長、大久保さんの教育よろしくお願いしますね。ところで、担当させる融資先はどうされますか？」

石井課長「支店長、今、どの業界でも事業性評価（➡地域金融機関ごとに地域性、企業の特色を見極めて、事業性を見極めた上で、融資をしていくこと、p.8）が求められているので、大久保さんには、まずは、この地域の主要産業でもある、建設業を担当させたいと思っています。建設業界を集中的に勉強することで、建設業の事業性評価のスキルを身につけ、

取引深耕の実力をつけてほしいと思っています。いかがでしょうか？」

宮崎支店長「それは面白いですね。このエリアの主要産業でもあるし、みどり銀行全体を見ても、建設業関係の融資シェアは30％程度あります。建設業を経験することで事業性評価の力が身につけば、どの支店に転勤しても力を発揮できるのではないでしょうか。ところで、どのお客様を担当してもらう予定ですか？」

石井課長「まずは、無理がない件数で３社を考えています。超優良先のＡ組、資金需要が頻繁に発生するＢ工務店、今返済条件変更中のＣ土建ですが、それぞれ債務者区分でいうと正常先、要注意先、破綻懸念先の企業です。今後は、すべての債務者区分のお客様に対して支援や提案できる力が必要ですし、大久保さんのコミュニケーション能力からすればチャレンジしがいがあると思った次第です」

宮崎支店長「なるほど、特にＡ組は融資以外の取引深耕がうちにとって課題となっていますし、実際に銀行自体が優良先に対する提案力を求められる時代ですからね。ただ大久保さんは、まだ提案できるレベルに達していないので、くれぐれもトラブル予防と、石井課長自身がうまくサポートしてあげてください」

石井課長「承認いただきありがとうございます。早速、大久保さんに話をしていきます」

　こう言い残して支店長室をあとにした石井課長だったが、内心は『支店長自身はフォローしてくれないのかなぁ』と少し不安を感じながらのスタートであった。

　自席に戻った石井課長は、早速大久保さんを呼んで、打ち合わせスペースで、先ほどの話を伝えることにした。

石井課長「大久保さん、支店長からも話があった通り、今月から融資先を担当してもらうことになったので、よろしく」

大久保さん「課長、よろしくお願いします。財務分析や融資の研修を受けたとはいえ、実際にお客様と財務や融資の話をしたことがないので、多少不安もあるのですが……」

石井課長「みんな最初は不安からのスタートだよ。大久保さんは明るくコミュニケーション力があるし、まずは、お客様と仲良くなることがスタートだね。お客様も入行２年目の『若手行員さん』と見てくれるから、分からないことは率直にお客様に聞いてみるのもいいかも。ただ、支店長からも注意するよう言われているが、即答できないことは持ち帰って調べてから回答するというスタンスが大事だよ。絶対いい加減な回答をしないように。もちろん、私も相談にのるので臆せずに取り組んでほしい」

大久保さん「ありがとうございます。トラブルにならないよう対応には十分注意します。ところで、担当するお客様はどこの企業になるのでしょうか？」

石井課長「地域の主要産業でもある建設業を担当してもらおうと思っているんだ」

大久保さん「え、建設業ですか！　融資課で仕事しているとき、決算書によく分からない科目があって戸惑ったのを覚えています。本当に自分で大丈夫でしょうか。トラブルになるようことはないでしょうか？」

石井課長「そうだね。確かに建設業の場合、他の業種とはかなり違うことがある。だからこそ、逆に経験することによって、今後の強みになると思うよ。大久保さんも知っての通り、みどり県の主要産業である建設業は、みどり銀行にとっても重要な業界だからね」
大久保さん「はい、若干不安もありますが、精一杯頑張ってみます！」
石井課長「担当してもらうお客様だけど、正常先であるＡ組、要注意先のＢ工務店、破綻懸念先のＣ土建の３社だよ。すべての債務者区分のお客様を担当してもらうことで、支援や提案する経験を磨いてもらおうと思ってね。」

大久保さん「えっ、Ａ組はうちの店の中でも、一番の大きな超優良先ですよ。私みたいな新人が担当することで、お客様からお叱りを受けるようなことにならないでしょうか？」
石井課長「それは大丈夫だよ。逆に大久保さんが担当することによって、既存の取引だけでなく、お互いにウィンウィンとなる新たな展開が期待できるかもしれない。もしトラブルになるようなことになれば、宮崎支店長も定期的に訪問されるし、私もフォローするから安心して取り組んでほしい」
大久保さん「分かりました、やってみます」
石井課長「ところで、建設業について本などで勉強したことはあるのかな？」
大久保さん「いえ、まったくありません。融資課の時に決算書に他の企業では見ない、『未成工事支出金』（➡一般企業の「仕掛品」や「半製品」に相当、p.44）とか『未成工事受入金』（➡一般企業の「前受金」に相当、p.45）という勘定科目があったので、ネットで確認した程度です。すみません」

石井課長「それなら、ビジネス教育出版社から『現場感覚に強いコンサルが教える建設業の事業性評価と課題解決』という本が出ているから参考にするといいよ。私も持っているから、しばらく貸してあげる。事前に読んでおくと役に立つと思うよ」

大久保さん「ありがとうございます、よろしくお願いします。」

　こうして大久保さんは、多少不安を抱えながらも担当することが決まりました。

Ⅱ
担当する企業の概要を
確認する大久保さん

　大久保さんは早速、石井課長から『現場感覚に強いコンサルが教える建設業の事業性評価と課題解決』を受け取り、一読してみました。

　『うーん、やっぱり、建設業って独特だなあ……。未成工事支出金というのは、要は工事の途中で出ていくお金のことか。受注産業で、しかも現場がばらばらなだけに、情報の共有化が課題ということか。それにしても、まったく想像ができないな。どうしよう』

　本を読んでさらに不安に駆られた大久保さんは、早速石井課長に相談しました。

❖

大久保さん「課長、お借りした本を読んでみたのですが、逆に不安になってしましました。まずは何からスタートすれば良いのでしょうか？」

石井課長「実際の挨拶は来週だから時間はあるよね。大久保さんはそれまで本を読むことしかしないのかな？」

大久保さん「それでは失格というのは分かりますが、何を準備すれば良いのかが分かりません。」

石井課長「そうだね。本のほかにも店内に確認できる資料があるよね。例えば、A組、B工務店、C土建の過去の融資の稟議書、決算書や企業概要表など、確認してみてはどうかな？」

大久保さん「あっ、すみません確認していませんでした」

石井課長「まずは店内にある3社の書類を読み込んでみる。そして、分からないところを本で確認するというのはどうだろうか？」

大久保さん「ありがとうございます。早速、取り掛かります」

　こうして大久保さんは、早速3社の資料をチェックすることにし、まずは決算書と稟議書についている企業概要表を見て、自分なりに気づいた点を箇条書きにすることにしました。

A組：貸借対照表

資産の部		負債の部	
科目	金額（百万円）	科目	金額（百万円）
【流動資産】	5,050	【流動負債】	5,000
現金・預金	2,300	支払手形	1,200
完成工事未収入金	300	工事未払金	900
未成工事支出金	2,200	短期借入金	0
その他の流動資産	250	未成工事受入金	2,600
		その他の流動負債	300
【固定資産】	2,810	【固定負債】	0
（有形固定資産）	2,400	長期借入金	0
（無形固定資産）	10	その他の固定負債	0
（その他の流動資産）	400	負債の部計	5,000
【繰延資産】	0	純資産の部	
繰延資産	0	純資産の部計	2,860
資産の部計	7,860	負債・純資産の部計	7,860

A組：損益計算書　（単位：百万円）

完成工事高	9,000
変動工事原価	6,890
付加価値	2,110
固定工事原価	850
売上総利益	1,260
一般販売管理費	750
営業利益	510
営業外損益	0
経常利益	510

会社概要表

資本金： 75,000千円	業種： 総合建設業（建築がメイン）	所在地： みどり県みどり川市	
特徴： ・創業以来、地元の建設会社として品質重視で信用を構築。 ・技術の承継に努め、多くの技術者（一級建築士約30名）を有する。 ・一般建築のほか、十数年前より個人住宅に注力。伝統工法の家、 　地元木材を使用した家など、特色のある家づくりに取り組んでいる。 ・自社専属の職人（大工、左官）による一貫施工システムを確立。 　アフターサービスの対応力も強化している。		**備考：** 後継者候補は犬飼専務（現社長の娘） 東京で自動車メーカーに勤務後、当社に入社	
		債務者区分：	
主力商品： 建築工事（病院／社屋／工場／店舗／学校／社会福祉施設／住宅／マンション／ 社寺／リフォーム工事等）、土木工事		正常先	
株式数： 発行済株式の総数 15万株	**従業員：** 約100名	**事業所：** 本社およびみどり県内の2つの主要都市に営業所あり	
大株主： 1. 金田社長 73,000株 2. 犬飼専務 30,000株 3. その他親族関係 35,000株 4. 従業員持ち株会 12,000株		**創業年月日：** 1940年	**法人設立年月日：** 1962年4月1日
代表者： 金田 社長　　（兄より事業を承継。2代目） 出身地：　みどり県 出身校：　KO大学		**主要役員：** 　　　　　　　　　　　　　　　　　　　　　　年齢 代表取締役　　　　　金田社長　　　71 専務取締役　久米 克 犬飼専務　　44 常務取締役　　　　　A建築部長　　55 取締役　　　　　　　B土木部長　　67 取締役　　　　　　　C営業部長　　56	
主要仕入先： ○○建材 ××商事 △△工業	**主要取引先：** 県内主力メーカー ○○スーパー（県内中心に複数店舗） 官公庁 個人（戸建住宅施主）		

決算状況：　　　（単位：百万円）

	売上高	売上総利益	営業利益	経常利益	当期利益	減価償却費	キャッシュフロー	純資産額	有利子負債額
直近期	9,000	1,260	510	510	330	30	360	2,860	0
前期	8,550	1,200	460	470	300	35	335	2,530	0

取引銀行（メイン◎）： みどり銀行（リース）	
資産背景： 本社：　　100坪の土地、社屋 連帯保証人：　金田社長	**関連会社：** A不動産・・・不動産・土地情報提供、賃貸物件
	社名： A組

・売上90億円程度、利益5億円と好調。

・金融機関の借入がほとんどなく、内部留保が厚く、現預金も厚い。

・未成工事支出金より未成工事受入金が多い。

・現社長は4代目で、創業当時は、大工からスタート。

・建築がメイン。

・後継者は、娘で今は専務。

B工務店：貸借対照表

資産の部		負債の部	
科目	金額（百万円）	科目	金額（百万円）
【流動資産】	250	【流動負債】	205
現金・預金	10	支払手形	30
完成工事未収入金	70	工事未払金	25
未成工事支出金	120	短期借入金	100
その他の流動資産	50	未成工事受入金	40
		その他の流動負債	10
【固定資産】	170	【固定負債】	200
（有形固定資産）	130	長期借入金	200
（無形固定資産）	10	その他の固定負債	0
（その他の流動資産）	30	負債の部計	405
【繰延資産】	0	純資産の部	
繰延資産	0	純資産の部計	15
資産の部計	420	負債・純資産の部計	420

B工務店：損益計算書（単位：百万円）

完成工事高	530
変動工事原価	400
付加価値	130
固定工事原価	68
売上総利益	62
一般販売管理費	50
営業利益	12
営業外損益	8
経常利益	5

会社概要表

資本金: 20,000千円	業種: 総合建設業（土木がメイン）	所在地: みどり県みどり川市
特徴: ・公共土木の元請中心。入札参加資格はみどり県、みどり川市ともに 　Aランクを保有。 ・直営部隊は有していないが、協力業者の会として「久保会」を有てい 　る。		備考: 後継者候補は久保部長（現社長の息子） 土木系の大学を卒業後、東京のD建設の土木部門で経験を積んだ後、当 社に入社
		債務者区分:
主力商品: 公共土木工事		要注意先

株式数: 発行済株式の総数 100株	従業員: 約20名	事業所: 本社
大株主: 1. 久保社長 70株 2. 久保取締役（社長妻）30株		創業年月日: 1965年
		法人設立年月日: 1970年

代表者: 久保 社長　　（父から事業を承継。2代目） 出身地:　みどり県 出身校:　○州大学（土木科）	主要役員: 　　　　　　　　　　　　　　　　　　　　　年齢 代表取締役 久保社長　　　　　　　　　　69 取締役 久保取締役（社長妻）　　　　　　62
主要仕入先: ○○建材 ××生コン △△建設	主要取引先: みどり県、みどり川市

決算状況:　　　　　　　　　　　　　　　　　　　　　　　　　　　　　　　　　（単位:百万円）

	売上高	売上総利益	営業利益	経常利益	当期利益	減価償却費	キャッシュフロー	純資産額	有利子負債額
直近期	530	62	12	5	3	5	8	15	300
前期	600	69	18	11	7	5	12	12	280

取引銀行（メイン◎）:
◎みどり銀行、みどり川信用金庫

資産背景: 本社:　　　　80坪の土地、社屋 連帯保証人: 久保社長	関連会社: なし
	社名: B工務店

- 売上５億円程度、利益は５百万円程度。
- 金融機関からの借入が３億円程度あり。
- 未成工事支出金の金額が１億円程度あり。
- 現社長は２代目、土木中心。
- 後継者候補は、現社長の息子で土木部長の技術者。

C土建：貸借対照表

資産の部		負債の部	
科目	金額（百万円）	科目	金額（百万円）
【流動資産】	**87**	**【流動負債】**	**107**
現金・預金	30	支払手形	65
完成工事未収入金	40	工事未払金	20
未成工事支出金	15	短期借入金	0
その他の流動資産	2	未成工事受入金	12
		その他の流動負債	10
【固定資産】	**252**	**【固定負債】**	**292**
（有形固定資産）	231	長期借入金	292
（無形固定資産）	20	その他の固定負債	0
（その他の流動資産）	1	**負債の部計**	**399**
【繰延資産】	**103**	**純資産の部**	
繰延資産	103	純資産の部計	43
資産の部計	**442**	**負債・純資産の部計**	**442**

C土建：損益計算書　　（単位：百万円）

完成工事高	**520**
変動工事原価	285
付加価値	**235**
固定工事原価	143
売上総利益	**92**
一般販売管理費	76
営業利益	**16**
営業外損益	12
経常利益	**4**

会社概要表

資本金: 10,000千円	業種: 土木工事業	所在地: みどり県みどり川市
特徴: ・公共土木や民間建築の下請工事。一部、元請受注もあり。 　下請工事は、道路舗装、上下水道管敷設、住宅の水道工事等。 ・直営部隊を有し、建設重機への投資を行ってきたことから、 　近年は元請企業からの安定的な受注につながっている。 ・過去に農業分野に参入し赤字となり、財務内容が悪化。 　経営改善計画を策定し、借入金のリスケがスタートしたところである。		**備考:** **債務者区分:** 破綻懸念先

主力商品: 土木下請工事		

株式数: 発行済株式の総数 200株	従業員: 約25名	事業所: 本社
大株主: 1. 萬屋社長 100株 2. 萬屋専務(妻)60株 3. 社長父 40株		**創業年月日:** 1995年 / **法人設立年月日:** 1997年

代表者: 萬屋 社長　（創業者） 出身地:　みどり県 出身校:　国立○○大学(土木科)	主要役員: 　　　　　　　　　　　　　　　年齢 代表取締役 萬屋社長　　　58 専務取締役 萬屋専務　　　55
主要仕入先: □□建材 ××生コン / **主要取引先:** ○○工務店 ◇◇建設	

決算状況:　　　　　　　　　　　　　　　　　　　　　　　　　　　　　　　　　　（単位:百万円）

	売上高	売上総利益	営業利益	経常利益	当期利益	減価償却費	キャッシュフロー	純資産額	有利子負債額
直近期	520	92	16	4	3	15	18	43	292
前期	500	88	15	4	3	15	18	40	300

取引銀行(メイン◎):
◎みどり銀行、みどり川信用金庫

資産背景: 本社:　　　60坪の土地、社屋 連帯保証人: 萬屋社長	関連会社: なし 社名: C土建

・自社で建てた経営改善計画を基に、返済条件を緩和中。

・売上は５億円程度あり、営業利益は出ているが、金融機関借入の金利負担ができない状況。労務人件費が多い。

・繰延資産に103百万円程度が計上されている。

大久保さんは、箇条書きにしたメモや決算書、企業概要表を見ながら次のように考えました。

　『うーん、Ａ組が良い企業であるのは分かるけれど、建築、土木の違いも分かっているようで分からないな……。Ｂ工務店やＣ土建も利益は出ているのに、なぜＡ組と違って借入金が多く計上されているのだろうか？　石井課長も分からないことは聞くように言っていたので、率直に聞いてみようかな？』

　石井課長に指示されて、過去の決算書や企業概要表を確認した大久保さんでしたが、財務が良い企業、悪い企業の差は分かったものの、その要因までは分かりませんでした。そこで大久保さんは、来週から始まる企業訪問に向けて、疑問点は直接企業に聞いてみることにしました。

III
Ａ組訪問、
犬飼専務との出会い

　週が明けて月曜日。いよいよ、大久保さんが担当する企業への初めての訪問がスタートします。

❖

大久保さん「課長、おはようございます。Ａ組への同行よろしくお願いします」

石井課長「大久保さん、元気そうだね。だいぶ予習はできたかな？」

大久保さん「とりあえず決算書、企業概要表などの資料を確認しました。Ａ組の場合、Ｂ工務店やＣ土建と違って財務内容が良いことは分かりましたが、なぜ良いのかがさっぱり分かりません。課長もおっしゃっていたので、今日は率直に自分の疑問をぶつけてみようと思います」

石井課長「それは良い姿勢だね。ただ、くれぐれも他社の名前は出さないように……」

❖

　Ａ組は金田社長が４代目の経営者で70歳を過ぎています。後継候補は、娘さんの犬飼専務です。犬飼専務は、大手自動車メーカーに入社し、結婚、２人の子育てをしながら勤務を継続していました。しかも、夫婦とも勤め先は東京です。しかし、金田社長には一人娘の犬飼専務しか子どもはいないため、たびたび娘である犬飼専務に事業を継いでくれるよう打診していました。結局、金田社長が強く望んだこと、また犬飼専務にとっても大事な実家の家業を何とか継続させたいという思いもあって、みどり県みどり川市に帰ってく

ることになったのです。こうして犬飼専務は35歳でみどり川市にもどり、総務、経理などを担当し、10年後の現在、専務取締役として、経理、総務、経営企画の責任者です。

✢

　A組についた石井課長と大久保さんは、早速応接室に通され、しばらくすると金田社長、犬飼専務が入ってきました。

金田社長「石井さん、お世話になっています」

石井課長「社長、こちらこそお世話になっています。犬飼専務、先日はリースを利用いただきありがとうございました」

犬飼専務「石井さん、こちらこそ、一番スピード感もありましたし、いつもよくして頂いているので、こちらこそ助かりました」

金田社長「石井さん、今日は新しい担当を紹介するという話だったよね。その担当って彼かな？」

石井課長「社長、早速ありがとうございます。新たに担当させることにしました大久保です」

　紹介された大久保さんは、すっと席を立ち金田社長と犬飼専務に向けて名刺を差し出しながら言いました。

大久保さん「はじめまして、今回担当させていただくことになりました大久保と申します。よろしくお願いします」

金田社長「はじめまして、これからよろしくお願いします」

犬飼専務「はじめまして、犬飼と申します、よろしくお願いします」

大久保さん「建設業の特殊性など、分からないところが色々あるので、ご迷惑をおかけすることがあるかと存じますが、よろしくお願いします」

犬飼専務「確かに私もかつてメーカーで働いていたし、実家が建設業だったにもかかわらず、メーカーと建設業という業種の違い（➡建設業の業界特性、p.26）に恥ずかしながら驚かされました。今後もみどり銀行さんには、色々と相談していくことになると思うので、ぜひ相談にのってくださいね」

大久保さん「ありがとうございます。私こそ、なにぶん知識不足のため、分からないことは率直にご質問したいと考えています。その際は、よろしくお願いしますます」

　犬飼専務の人柄の良さを感じた大久保さんは、『率直に分からないことを聞いてみよう』と心に決めました。

IV
B工務店への挨拶、
久保社長からいきなりの依頼

　次の訪問先はB工務店で、B工務店は2代目経営者の久保社長（62歳）がすべてを仕切る、ワンマン会社です。みどり県やみどり川市が発注する公共工事（土木工事）をメインにしており、後継者は息子さんの土木部長です。ただ今のところ金融機関の対応はせず、現場の技術者として働いているため、直接会話をすることはほとんどありません。

　この日も、応接に通された石井課長と大久保さんは、久保社長と面談することになりました。

❖

石井課長「久保社長、お世話になっています。先日お話しました新しい担当の大久保です」

　ここでも同じように大久保さんは、すっと席を立ち久保社長向けて名刺を差し出しながら言いました。

大久保さん「大久保と申します、よろしくお願いします」

久保社長「大久保さんですか、2年目だってね、よろしく。ところで、うちのことは良く分かってくれているのかな？」

大久保さん「いえ、まだ書類を見たばかりで、これから勉強させて頂こうと思っています」

久保社長「これから勉強するというようでは困るよ。こっちは仕事でやっているんだからさ、石井さん大丈夫なの？」

石井課長「久保社長、もちろんです。確かに入行2年目ですが、十分対応できると判断したから担当させたのです。ところで、経理の方に先日お預かりした資料をお返ししたいのですが、いらっしゃいますか？」

久保社長「あっちにいるから、直接持って行ってよ」

　社長の了解をもらった石井課長は、資料を持って席を立ち、経理へと向かいました。期せずして、久保社長と大久保さんは2人きりになりました。

久保社長「早速なんだけど、8月に従業員の賞与を出したいと思っているんだ。この件、石井さんから聞いているよね？」

大久保さん「いえ、詳細は聞いておりませんが、賞与を出されるということは、業績は良好だということですね」

久保社長「そうだね、うちは公共工事が中心だから安定しているよ。ただ、工事の立替（➡工事代金を回収するまでの間に、受注者が工事に伴う支出を立て替えるためのつなぎ資金、p.28）も結構必要なんだ。担当が変わったばかりで大変だと思うけど、いつもどおり賞与資金

78

の融資をお願いしますね」

大久保さん「いつもどおりですね。石井課長とも相談のうえ回答させていただきます」

久保社長「悪いね、よろしく頼むよ。大久保さんにとっても、一発目の融資だから成績になるよね？」

大久保さん「ありがとうございます。後日、ご連絡いたします」

　石井課長が席にもどると、会話は後継者の話になりました。

石井課長「久保社長、息子さんが、先日土木部長に昇格されたとお聞きしました。一度ご挨拶させてください」

久保社長「昇格と言っても、うちみたいな中小建設業では、身内がある程度やらないとね。だけど、まだまだだよ。D建設で約5年土木工事の技術者をしていたから工事はそつなくこなせるが、営業はまだまだだね」

石井課長「D建設は大手です。息子さん、優秀なんですね。御社の場合、営業と言っても、公共工事が中心ですから、技術者の育成や工事の表彰（➡工事成績評点に基づく表彰、p62）、業績、経営事項審査の点数（➡経営事項審査、p.35）とそれに基づく県のランク（➡資格審査、p.37）などが、仕事をとる上で重要なポイントになるのではないですか？」

久保社長「石井さん、良く知っているね。ただ、それだけでは、仕事をとることはできないんだ。現実に仕事をとるのは結構大変なんだよ。その辺りの意識が、息子はまだまだだからね」

石井課長「そうですか、後日、大久保からアポをとらせますので、一度お会いさせてください」

久保社長「分かった、息子に伝えておくよ」

　こうしてB工務店を後にした2人は、次の訪問先であるC土建へ向かいます。石井課長が席を離れたとき久保社長が切り出した賞与資金の融資について、一抹の不安を感じた大久保さんでしたが、『いつもどおりの賞与資金の融資だから大丈夫だろう』と考え、石井課長にはすぐに話をせず、帰店後に話をすることにしました。移動の道中、石井課長と大久保さんはB工務店について、次のような話をしました。

石井課長「大久保さん、B工務店の決算書を見て感じたことはあるかな？」

大久保さん「売上もある程度あり、利益も少しでているので、さほど悪い先ではないという印象はあったのですが？」

石井課長「そうか、でも、借入が多いと思わなかったかな？」

大久保さん「そういえば、売上5億円で借入が3億円もありました。でも、久保社長も言っていた、工事の立替かなと思ったのですが？」

石井課長「うーん、確かに未成工事支出金が結構あるので、久保社長の言う通りだと思うんだけどね」

　石井課長が、借入が多いことを気にしていることを知った大久保さんは、改めて明日決算書を確認した上で、融資の相談があったことを自分の意見も含めて伝えようと思いました。

V
C土建へ訪問、経営改善に取り組む、萬屋社長夫婦の前向きな姿勢に共感

　最後のＣ土建への訪問です。Ｃ土建は、萬屋社長夫婦が創業した土木工事や建築工事など下請け（➡直接発注者ではなく、元請のゼネコンと交わした下請契約に基づき、工事を施工する専門工事業者、p.32）をメインにしている建設業です。萬屋社長が工事の営業や工事をこなし、妻である専務が経理や総務、一部営業も担当しています。土木工事は、道路舗装、上下水道管敷設、住宅の水道工事を、建築は住宅から修繕工事までをこなします。特徴的なのは、自前で重機を持ち、直営労務（➡技能を身につけた上で、建設現場において実際に建築作業を行う職人、作業員、p.33）も抱えている点です。

　創業当時は、ランクが低いため公共工事の仕事が取れず、赤字の民間工事を受注せざるをえなかったこと、また工事代金の貸し倒れが発生、さらには建設投資が少なくなった時期に、国を挙げて新規分野への参入支援が行われ、その際、農業分野へ参入したことで大きな赤字を作ってしまったことなど、強い逆風に何度も見舞われました。その結果、経営事項審査や金融機関に融資をしてもらうために、資産性のない繰延資産を計上するなど、粉飾経理を行うようになってしまいました。

　しかし、夫婦の懸命な努力により、今ではある程度重機への投資や直営労務を抱えることで、工事収益が出せる見込みも出てきました。そうした経緯から、石井課長が協力して経営改善計画を策定したり、他の金融機関も協力して、借入金のリスケジュールがスタートしたという状況です。

石井課長「社長、専務、お世話になっています」

萬屋社長「こちらこそ、いつもすみませんね。迷惑ばっかりかけちゃって」

石井課長「社長迷惑なんて、経営改善計画も策定できたし、あとは実行するだけですよ」

萬屋社長「そうだね。でも直営労務の採用や重機の更新も必要だし、自分達だけでできるかどうか……」

萬屋専務「社長、何言ってるの！　計画どおり仕事をとって利益あげれば、みどり銀行さんも支援をしてくれると言ってるんだから！　すみませんね、石井さん。重機なんかは、今ので何とかするから大丈夫よ」

石井課長「社長、専務の言う通りです。まずは、今仕事をとることに集中してください。今は返済元金を止めていますが、利益がでれば、数年後から更新投資も可能ですよ」

萬屋社長「うーんそうなんだけどね……」

この時、大久保さんは萬屋社長が何かを悩んでいるように感じました。

石井課長「すみません、今日は、新しい担当の大久保を連れてきました」

大久保さん「はじめまして、大久保と申します。よろしくお願いします」

萬屋社長「大久保さん、よろしく」

萬屋専務「こちらこそ、よろしくお願いします。大久保さんも若いのに大変ね、うちみたいに大変な会社の担当になって」

大久保さん「とんでもございません。まだ建設業のことをあまり分かっていませんので、色々ご迷惑をおかけするかもしれません」

萬屋専務「銀行で働くだけで立派よ。うちにも息子が2人入っているけどまだまだよ。ところで大久保さん銀行に入って何年になるの？」

大久保さん「まだ、2年目です。すみません。迷惑かけると思います」

萬屋専務「そう、じゃあ次男と一緒ね。色々、息子たち含めて、私たちにも教えてよ、遠慮なくね。聞いていると思うけど、過去の失敗もあって金融機関さんには迷惑をかけているの」

大久保さん「迷惑だなんて……、次男の方と一緒なのですね。次回、ご長男の方も含めてご挨拶させてください」

帰りの道中、大久保さんは石井課長に聞きました。

大久保さん「課長、C土建の萬屋社長はなんか悩んでいるように見えたのですが？」

石井課長「悩みというか、社長はあと先考えず、お金を投資するところがあるからね。あの会社は専務でもっているようなものなんだ」

大久保さん「そうですか……。確かにオープンな萬屋専務には、色々助けたくなるオーラを感じますね」

石井課長「そうだね。C土建は経営改善計画の履行がポイントだから、まずは仕事をきちんととることが重要なんだ」

　大久保さんは、萬屋社長に対する石井課長の評価に若干の違和感を覚えたが、それにも増して今日回った3社のあまりの違いに愕然とした。明日以降の対応に若干不安を感じる大久保さんだったが、まずは訪問した3社に対して自分なりに提案を考えてみようと、自分を奮い立たせるのだった。

石井課長「大久保さん、明日出社したら本日の面談記録を朝一で作って、提出してください」

大久保さん「分かりました……」

　この時点で大久保さんは、一番大事なB工務店の久保社長からの融資依頼をすっかり忘れてしまっていた。C土建のまじめな萬屋社長と明るく前向きではっきり社長に話ができる萬屋専務の2人に好感を持ったためである。大久保さんの頭の中は、『C土建のサポー

トをどのようにすれば良いか』でいっぱいだった。

VI
Ｂ工務店の賞与資金の対応で、大久保さんに緊張が走る

　大久保さんは、出社すると早速、昨日訪問したＡ組、Ｂ工務店、Ｃ土建の面談記録の作成に取り掛かった。ほどなく完成させると、石井課長の席に面談記録を持って向かった。

大久保さん「おはようございます。昨日は、ご同行いただきありがとうございました。面談記録を作成しましたので、ご確認ください」

石井課長「昨日は、お疲れさま。早速、見せてもらうよ」

大久保さん「よろしく願いします」

　大久保さんが、課長席を後にしようとすると、石井課長が驚きの声を上げた。

石井課長「大久保さん！　Ｂ工務店の久保社長からの賞与資金の融資申し込みってなんだ！」

大久保さん「石井課長が席を外されたときに、久保社長から『いつもの資金だからと……』と言われたのですが」

石井課長「大久保さんだめだよ、なんで昨日すぐに話をしてくれなかったんだ。融資の申し込みを受けるということは、うちにとっても大事なことだし、まずはお客様の資金繰りに影響することだから、すぐに報告しないと！」

大久保さん「すみません……」

　ちょうどそこに宮崎支店長が通りかかった。

宮崎支店長「石井課長、どうしたの？」

石井課長「すみません。Ｂ工務店の久保社長が、私が席を外した時に、夏の賞与資金について大久保さんに相談したみたいで。冬の賞与資金の時に、夏は今の業績では厳しくなると言っていたので、私ではなく大久保さんに言ったんだと思います」

宮崎支店長「そういうことですか。いかにも久保社長がやりそうなことじゃない（笑）。ただ、大久保さんも石井課長の言う通り、融資の申し込みがあった時の対応には気をつけないとね。融資はトラブルになるケースが多いので、報告、連絡、相談をスピード感持って対応しないとだめよ！」

大久保さん「申し訳ございません。でも、冬の賞与の時に業績次第ということをお話していたのなら、今期は業績が良いということではないのでしょうか？」

石井課長「もちろんそういう考え方もできるけど、私に言わないことに違和感があるよね。それはそれとして、大久保さん、久保社長と業績について何か話をした？」

大久保さん「久保社長から今期は業績が良いというお話がありました」

石井課長「そうか、それで何か資料を依頼した？」

大久保さん「資料ですか？　特に何も依頼していません」

石井課長「融資研修を受けたとき、依頼する資料について教わらなかった？」

大久保さん「あ、試算表を提出してもらうんですね」

石井課長「そう、試算表は大事な資料だからね。そのとき、建設業特有の依頼資料についても教わらなかった？」

大久保さん「確か建設業特有の依頼資料に受注工事明細と資金繰り表があり、特に受注工事明細の工事出来高が大事だと教わりました」

石井課長「その通り。ただ、Ｂ工務店の場合、年一回の決算の時に売上と原価を計上するため、試算表をもらっても業績が良いのか悪いのかよく分からないんだ。だから、まずは直近の受注工事明細と資金繰りを依頼しよう」

宮崎支店長「それと、他行の借入金状況もきちんと把握しないとだめよ。受注工事明細には、今受注している工事金額に加えて、出来高がどれくらいあがり、そのうちどれくらいが資金として入っていないかという点が大事なの。つまり、他行が工事引き当てによって融資している状況を把握することが大事なの。石井課長、きちんとフォローしてくださいね！」

石井課長「分かりました。大久保さん、早速頼むよ」

B社の場合、試算表だけでは業績を把握できないので、受注工事明細と資金繰り表の依頼が必要ですね。

建設企業の業績把握のための依頼資料

試算表

B社の場合、年1回の決算時に売上と原価を計上するため、業績の把握には不十分（販管費の把握には必要）

受注工事明細
（手持ち工事一覧）

資金繰り表

工事金額に加えて、工事出来高が重要

大久保さん　石井課長　宮崎支店長

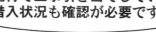
他行で工事引き当てしている借入状況も確認が必要ですね。

大久保さん「はい、早速取り掛かります。その前に１点質問があるのですが。一般的に賞与資金は、工事の立替金への融資とは違うと思うのですが？」

宮崎支店長「確かに資金使途は違います。ただ、賞与って本来は、その期の業績が良ければ支給するものよね。Ｂ工務店の場合、借入返済も結構あるから、工事引き当てで賄うべきものという見方もできると思うの」

✥

それを聞いた大久保さんは、早速、Ｂ工務店の久保社長に電話を入れ、資料を依頼することにした。

大久保さん「昨日は、貴重なお時間をいただきありがとうございました。さっそくですが、ご相談のありました賞与資金の融資ですが、確認のために試算表を拝見させていただけないでしょうか？」

久保社長「試算表は売上を計上していないから見てもあまり意味がないよ。受注工事明細と資金繰り、それと金融機関の借入明細は経理に準備するように言っておくから、１週間後に取りにきてよ」

大久保さん「ありがとうございます。それでは、１週間後にお伺いさせていただきます」

とりあえず資料をもらえることで一安心した大久保さんでしたが、一方で『なぜ、Ｂ工務店は借入までして、賞与資金の融資を依頼するのか。正常先のＡ組には、借金がほとんどないのに、なぜ同じ建設業なのに、Ｂ工務店は借入額が大きいのか』という疑問が沸いてきました。その時、脳裏に浮かんだのが、Ａ組の犬飼専務でした。『石井課長が率直に分からないことは、聞いた方が良いと言っていたので、なんとなく話がしやすそうで優しそうなＡ組の犬飼専務に理由を聞いてみよう。そうすれば、Ｂ工務店にも何かアドバイスができるかもしれない』と大久保さんは考えたのです。こうして大久保さんは、Ａ組の犬飼専務にアポを入れることにしました。

VII
Ａ組の成功要因を
分析しよう

大久保さんは、なぜＡ組はほとんど借入がないかを、犬飼専務に率直に聞いてみたい旨、石井課長に相談しました。

大久保さん「課長、Ｂ工務店の件でご相談があります。実は、同じ建設業なのに、Ａ組はほぼ借入がなく、Ｂ工務店は借入があります。その違いを分析してみようと思っている

のですが？」

石井課長「おもしろい発想だね。具体的にどうするの？」

大久保さん「まずはA組の犬飼専務に、なぜ借入がほとんどないのかを聞いてみようと思うのですが……」

石井課長「A組か。そうだな、優良先だから、あまり率直に聞けないけど大丈夫じゃないかな？」

大久保さん「優良先はあまり聞いたらダメなんですか？　分からないことは聞いた方が良いと言われていたので……。それと、犬飼専務はやさしそうで、質問しやすそうにみえたので……」

石井課長「そうだね、宮崎支店長の了承もとっておこう」

✤

こうして石井課長と大久保さんは、外出から帰店した宮崎支店長に打ち合わせの依頼をしました。

石井課長「支店長、大久保さんから、A組とB工務店を比較するために、まずはA組の犬飼専務に話を聞きにいきたいという提案がありまして……」

宮崎支店長「大久保さん、面白い発想ね。なぜ、そのように考えたの？」

大久保さん「考えたというというか、単純に『なんで、借入してまで賞与を出すのか』、『なぜA組は借入がほとんどないのに、B工務店は借入があるのだろうか』と思ったんです。それで、とりあえず理由を知りたいと思い、そのとき頭に浮かんだのが犬飼専務でした」

宮崎支店長「そういうことですか。大事な発想だと思うわ。まさにベンチマークね！」

大久保さん「ベンチマーク？　あっ、そういえば財務分析の研修のときに、ベンチマークの重要性について教わりました」

宮崎支店長「確かに良い企業のポイントを知ることで、業績が芳しくない企業の改善ポイントが分かる可能性はあるわね」

石井課長「少し心配なのは、A組は優良先なので、あまり率直に聞くのもどうかと思いまして……」

宮崎支店長「そうですね。ただ、今後は銀行も優良先への提案が必要不可欠です。今回の件も、B工務店を含めた事業性評価につながるのではないでしょうか」

石井課長「確かに事業性評価につながると思いますが、トラブルになることはないでしょうか」

宮崎支店長「もちろん他社の名前を出したり、他社しかしらない直接的な情報を提供してはいけません。それは銀行員としての当然の義務です。それさえ守れば、犬飼専務は丁寧に教えてくれると思いますよ。もし、トラブルになったら、私が謝りにいきます。ここは、大久保さんに任せてみましょう」

✤

了解を得た大久保さんは、早速Ａ組の犬飼専務にアポ取りの電話を入れたところ、翌日面談の約束を取り付けることができました。その旨を石井課長に告げると、「Ａ組とＢ工務店の決算書や稟議書を比較して、犬飼専務との面談を望むよう」指示があったため、大久保さんは早速、比較作業をスタートすることしました。

　以下の表は、大久保さんが資料を比較した上で、質問のポイントを整理したものです。

【比較ポイント】

- Ａ組は建築中心、Ｂ工務店は土木中心だけど、何が違うのだろうか。
- Ａ組は銀行からの借入がほぼない。一方、Ｂ工務店は３億円の借入がある。
- Ａ組はＢ工務店より収益性が高い。
- 未成工事支出金と未成工事受入金の差額について、Ａ組は未成工事受入金が大きいが、Ｂ工務店は未成工事支出金が大きい。どのような理由で、そうした差が生じるのだろうか？

　そこで、まずは比較ポイントに基づき、Ａ組とＢ工務店と違うことを中心に聞くことにしようと、大久保さんは考えました。

❖

　翌日、若干緊張しながらＡ組を訪問すると、前回と同じ応接に通されました。

大久保さん「犬飼専務、お忙しいところお時間を頂きありがとうございます」

犬飼専務「大丈夫ですよ。ところで、何か教えてほしいことがあるということですが？」

大久保さん「すみません、今日は、先日お会いした時に『分からないことは聞いてくださいね』という専務の言葉に甘えて伺いました」

犬飼専務「私に分かることならお話しますよ！　前も言いましたが、メーカー勤務だった私からすると、建設業独特の考え方や商習慣などで結構大変でしたし、大久保さんにお役に立てることがあればお話しますよ」

大久保さん「ありがとうございます。まず、お聞きしたかったのが、『御社は建築がメインということですが、土木とはどこがちがうのか』ということです」

犬飼専務「建築は建物を建てること、土木は道路や堤防など地域のインフラをつくることってことかしら。うちは建築がメインで、特に民間建築の分野で７〜８割受注しています」

大久保さん「土木は地域のインフラづくりということですが、そうなると民間というより国や県などの発注工事がメインということでしょうか？」

犬飼専務「そうね、もちろんすべてではないけれど、土木は公共工事の割合が一般的には高くなるんじゃないかしら。ついでに言うと、土木部門が弱いのがうちの弱みなの。一応、土木部はあるけれど、技術者（➡現場を取り仕切り、職人等に指示を出しながら、現場の施工上・技術上の管理を行う人、p.33）の数は少ないし、土木工事の完工も小さいので、なかなか部門として収益を上げるのは厳しい状況ね」

大久保さん「でも、メインの建築で仕事をとれているので良いのではないでしょうか？」

犬飼専務「もちろん、今までは建築を中心にやってきたことで収益を上げてきたけれど、今後は建築市場も維持補修管理（➡新築以外のリフォーム・リニューアル工事等、p.19）の分野が中心になるので、その対応が必要なの。そういう意味では、土木部門の強化も結構大事な経営課題だと考えているわけ」

大久保さん「維持補修管理の分野って？」

犬飼専務「維持補修管理というのは、新規建物を建てたり新たにインフラを整備するのではなく、既存の建物やインフラを維持する分野で、その市場割合が増えるってこと。つまり、リフォームやリノベーション、インフラの維持管理などの仕事が増えるということよ。そうなると、工事一件あたりの金額が小さくなるし、様々な建物、インフラの種類に多能工（➡複数の異なる作業や工程を遂行する技能を身につけた作業者のこと、p.34）的に対応する必要があるってことね」

大久保さん「なるほど。土木部門が必要というのは、建築の維持補修管理だけでは難しいので、土木の分野の維持補修管理もやっていくというお考えからでしょうか？」

犬飼専務「その通りです。そもそも建築と土木って、業態としては分かれているけれど、実際の工事ではつながっているの。同じ会社で各部門が連携すれば総体の利益は高まるし、将来に受けて維持補修管理の分野への対応力も高まると考えているわけ」

大久保さん「ありがとうございます。ところで、御社って銀行からの借入がほとんどありません。それが不思議なんです。一般的に製造業の場合、機械更新などが定期的に発生するので、一定レベルの銀行借入があるのが普通だと思うのですが？」

犬飼専務「あら、もう融資の売り込みかしら(笑)」

大久保さん「いえ、必要ないお金を借りて頂く気は毛頭ありません。率直に理由が知りたいだけなんです」

犬飼専務「うち限定ということかしら……。私が理解しているのは、うちは元請が中心で、実際に建物を建ててくれるのは、協力業者である専門工事業者の方々だということ。つまり、うちは管理業務が中心なので、建物を建てるための重機や車などの設備投資は、さほど必要ないということね」

大久保さん「ということは、協力業者、専門工事業者がいないと工事そのものができないということでしょうか？」

犬飼専務「その通りよ。だから、昔から社長は『お客様同様に協力業者の方や職人さん、大工の方がいるから我々は飯が食えるんだ。大事にしないと罰があたるぞ！』とことあるごとに言ってたわ。その意味が、今、実際に仕事をするにあたって、良く分かるの」

大久保さん「そうですか、最近後継者不足などの話をよく聞きますが、協力業者の方は、そのような問題はないのでしょうか？」

犬飼専務「後継者不足や職人の高齢化（➡建設業就業者の高齢化の進展、p.20）が大きな問題になっているわ。うちにとっても、優良かつ後継者がいる専門工事業者の確保が成長していくための大きな課題と言えるわね」

大久保さん「良く分かりました。先のお金の話にもどりますが、他社だと工事の立替金が必要だという理由で、よく融資のお申し込みをいただくのですが……」

犬飼専務「そういうことね。うちの場合、民間工事だけでなく公共工事も含めて、先にきちんとお金を頂くことを徹底しているからかしら」

大久保さん「公共工事でもですか？」

犬飼専務「もちろん、公共工事には 前受金制度（➡工事の完成引渡し以前に受領する工事代金の制度、p.45）があるから、それをうまく使っているわけ。つまり、協力業者の方に出来高払いでお支払いするために、発注者の方からそれにあったお金を工事の期間中に頂くことを徹底しているということよ。さらに言えば、うちの社員の給与や様々な経費も毎月発生していくから、それも含めたお金を頂くことも頭に入れる必要があるわね」

大久保さん「それはすごいですね。そうなると、金融機関から融資を受ける必要はありませんね！」

犬飼専務「そうね。これでは大久保さんの成績にはならないわね（笑）」

大久保さん「それは問題ありません。と言っても、成績は必要ですが……」

犬飼専務「その差って、決算書の未成工事支出金と未成工事受入金に顕著に表れるはずよ」

大久保さん「そういうことか！　先にお金をお客様から頂いているので、御社の場合は、未成工事受入金の方が大きくなっているということですね！」

犬飼専務「そのと通り。商売の基本に忠実ってこと。仕事をする上で、お金をきちんともらう、やった仕事のお金はきっちりお支払い頂くことということね」

大久保さん「もう1点、伺ってもいいでしょうか。御社は、なぜ他社より収益力が高いのでしょうか？」

犬飼専務「うーん、うちの収益力がなぜ高いかと言われても、あまり他社と比較したことがないから分からないけれど……。強いて言えば、理由は2つあるかも。1つは、設計部門（➡建築士等が生産物の品質を考慮しながら図面を書く部署、p.32）を持っているから、設計段階からお客様とお話できるので、中身をきちんと分かった上で、実際の施工ができる点ね」

大久保さん「設計部門？　実際の工事だけでなく、その前段階ということですか？」

犬飼専務「地域の一般的な元請業者の場合、設計部門を持たずに外部の設計事務所から仕事が来る流れになっているの。だけど、うちは自社で設計部門を持っていから、設計・施工の部門間で情報共有できるということ。もちろん、一級建築士を数名抱えているから人件費などの費用はかかるけれど、それ以上に設計段階からお客様に品質とコストバランスに応じた施工方法を提案できるメリットの方が大きいの。例えば、うちにとってやりやすい工法を取り入れた設計で納得いただければ、工事の利幅を大きくすることも可能なの」

大久保さん「確かに外部設計事務所から設計書をもらって施工するよりも、早めに情報がある方が工事の段取りもしやすいですね」

犬飼専務「もう1つは、私が帰って来てからなんだけど、メーカー的な購買方法（➡集中購買、p.59）に変えたの」

大久保さん「購買方法ですか？　それは協力業者に対する工事の発注額のことですか？」

犬飼専務「その通り。もともとうちは、現場代理人、つまり工事を監督・管理する人が、個別に協力業者や外注先、材料の発注などの金額も含め、すべて決めていたの。この方法では、どうしても管理者ごとに単価などに差が出てしまうため、コストの見極めが難しいの。そこで、複数の工事をまとめて『発注量』を増やし、一括して業者に発注することにしたの。その方が価格交渉をしやすいので、必然的にコストダウンにつながると考えたわけ」

大久保さん「それは、かなり効果がありそうですね。すごいですね専務！」

犬飼専務「確かにコスト削減の効果は、かなり大きいと思う。ただ、建設業の場合、それぞれ現場ごとに設計・施工が違うので、まとめて発注するのは結構大変なの。それだけでなく、発注権限を外される現場監督からの抵抗があったり、お金に対する意識が希薄なるといったデメリットも考えられるわ。社内的にも購買担当者に権限が集中することになるので、業者との癒着など、不祥事が起こらないような仕組み作りも必要ね」

大久保さん「そうですか、一概にメリットだけではないのですね」

犬飼専務「ただ、現時点では、間違いなく収益に貢献していると思うわ」

大久保さん「ありがとうございます。今回のお話を参考に色々考えてみます。また、今後もよろしくお願いします」

犬飼専務「こちらこそ大した話はできなかったけれど、こんなので大丈夫かしら……。私も、まだまだ勉強中の身なので、ついこの間も『建設産業政策2017 + 10』（➡ 2017年の建設産業政策委員会による報告書、p.25）の説明会に行ってきたの。実は、今回の話の大半は、それの受け売りよ（笑）」

その後もしばらく雑談が続くなかで、大久保さんは犬飼専務のまじめで、それでいてカッコよさに共感を覚えました。

❖

大久保さんは、店へ帰る道中、Ｂ工務店について、次のように考えました。

『賞与資金の融資だけでなく、現状かなりの借入を抱えているので、まずはその原因をきちんと確認し、修正すべき点があれば早めに提案するべきではないか。そうしないと、このまま借入が減少しない状態が続いてしまう可能性が高い』

すぐにも賞与資金に関する稟議書の作成に取り掛からなければいけない大久保さんにとって、それは大きな壁となりました。

VIII
Ｂ工務店への賞与資金の断りと、
談合問題発覚！

◆ 1 賞与資金の断り

Ｂ工務店の久保社長に先日依頼をしていた受注工事明細、資金繰り表、金融機関の残高明細を取りにいく日になりました。早速、大久保さんは、Ｂ工務店の久保社長に電話で資料を頂きに行きたい旨、電話をかけました。

❖

大久保さん「お世話になっています。みどり銀行の大久保です。社長、先日お願いした資料の件ですが、ご準備いただけたでしょうか？」

久保社長「おはよう、資料はできているが、少し質問があるんだ」

大久保さん「なんでしょうか。よろしければ、御社にお伺いしますが？」

久保社長「いや、今日はこのあとバタバタしているから電話でいいよ。単純な質問なんだけど、『賞与資金を融資してもらうのに、受注工事明細が必要ということは、工事引き当てが必要ということになるのかな？』。何しろ今までそんなこと言われたことないからさ」

大久保さんは久保社長の質問に少し困惑しましたが、次の瞬間、先日伺った犬飼専務の

話が思い出されました。

　それは、『公共工事には前受制度があるから、それをうまく使っているわけ。つまり、協力業者の方に出来高払いでお支払いするために、発注者の方からそれにあったお金を工事の期間中に頂くことを徹底しているということよ。さらに言えば、うちの社員の給与や様々な経費も毎月発生していくから、それも含めたお金を頂くことも頭に入れる必要があるわね』という話だったのですが、同時に『そうか、工事でもらうお金は、工事をするために必要な協力業者に支払うお金だけでなく、社員の人件費や賞与も当然充当する必要があるんだ！』ということに、大久保さんは気づきました。

大久保さん「社長、資料の件はお手数をおかけして申し訳ございません。しかし、賞与と言えども、受注した工事のお金で支払うべきものと思ったものですから……」

久保社長「なんだって！　賞与資金は工事で支払うべきものって言いたいの！　じゃあ、なんで今まで資料を依頼しなかったんだ！」

大久保さん「社長、申し訳ございません。余計なことを言いまして……」

久保社長「君では話ならん！　上のやつと説明しにこい！」

　こう言うと電話を一方的に切られてしまいました。『大変なことをしてしまった！』と思った大久保さんは、早速、石井課長に報告しました。

大久保さん「課長、すみません、B工務店の久保社長を怒らせてしまいました」

石井課長「怒らせたって？　いったい何があったの？」

大久保さん「『なぜ賞与資金を融資してもらうのに、受注工事明細が必要なのか。もしかして工事引き当てが必要ということなの？』と聞かれたので、先だってA組の犬飼専務に教えて頂いた『工事に直接関与しない、社員の方の賞与も工事代金から支払うべきもの』ということを言ったら怒られまして……。たぶん私が間違っていたんだと思います」

石井課長「そんなことはない、大久保さんが言っているのは正論だよ。たぶん、当たっているからこそ感情的になったのかも。資料の件、確かに以前はもらっていなかったから、大久保さんには悪いことしたね」

大久保さん「すみません、上席をつれて説明にくるように言われてしまいました」

石井課長「了解、一応支店長に説明してから同行しよう」

❖

　そう言うと石井課長は、早速、大久保さんを連れて宮崎支店長の席にいき、経緯を説明しました。

宮崎支店長「分かりました、石井課長と大久保さんでB工務店へ出向いて説明してください。その際、うちとしては、引き当て工事がなければ、賞与資金はだせないというスタンスで説明をしてもらって問題ありません」

石井課長「それは結構厳しい判断だと思いますが、相手を怒らせてしまうのではないでしょうか？」

宮崎支店長「課長、怒らせないように納得させるのが、課長の仕事です！　大久保さんが

指摘した、『工事代金で賞与も支払うべき』というのは、まさに正論です。今までそれを言ってこなかった銀行にも責任があるし、おそらくＢ工務店の久保社長も気づいていなかったのかもしれませんね？」

石井課長「承知しました、その方針でお話ししてきます。大久保さん何かあるかな？」

大久保さん「支店長、課長、ご迷惑をおかけして申し訳ございません。やはり私は担当をはずれた方が良いと思うのですが……」

宮崎支店長「何を言ってるんですか！　逃げてどうするの！　銀行員なんて怒られるのが商売ですよ。お金を扱うということは、いつもいつもお客様の要望どおりに対応できないということと、表裏一体です。お客様にきちんと資金を有効活用して頂き、そして、のちにきっちり返済してもらう。そのようなことをお客様に要望することは、もちろん銀行のためでもあるけれど、お客様のためでもあるのです。今回の件は、大久保さんが言っていることが正論ですから、石井課長にサポートしてもらいながら説明すれば良いんです。久保社長も最終的には分かってもらえると思いますよ」

大久保さん「支店長、分かりました、頑張ってみます」

✛

　早速、大久保さんは石井課長に帯同してもらいＢ工務店に向かいました。そして、応接に通され、久保社長に一通りの説明をしました。

久保社長「うん、なるほどね。さっきはとっさのことで感情的にすまなかったね」

大久保さん「こちらこそきちんと説明もせずにすみませんでした」

久保社長「実際のところ、引き当てできる工事はないな。ということは、今回は賞与を出せないな……」

石井課長「社長、実際の業績見通しはどうなんでしょうか。もし、今期業績が厳しいなら、賞与は一時金ですし、従業員にきちんと説明をすれば納得してもらえるのではないでしょうか？」

久保社長「うーん、もちろんそうしたいんだけど、今の世の中、人不足だからね。特に土木の技術者は採用も難しいし、今の連中がやめることになると、仕事自体とれなくなる可能性もあるんだ」

石井課長「そうですか、難しい問題ですね。しかし、賞与を支給すると人件費が増えるので業績が悪くなる。そうなったら、経営審査にも影響が出るのではないですか？」

久保社長「そうなんだけどね……」

✛

　石井課長とともに正式に賞与資金の融資を断った大久保さんは、帰りの道中、『久保社長なりに人材確保のことなど、悩みがあっての依頼だったんだ』ということを知り、そこまで自分の気が回らなかったことを反省しました。そして、Ａ組の犬飼専務も土木の技術者の確保の難しさを言っていたのを思いだしながら、Ｂ工務店にどのような提案やサポートができるのかをひたすら考えたのです。

そんな矢先に大事件が起きました。

◆2 談合問題発覚!!

B工務店の久保社長に賞与資金の断りを入れた翌週、地方紙に『みどり川市の土木業者3社が市発注の工事で談合！』という見出しが大々的に載ったのです。

当然、みどり銀行みどり川支店内にも緊張が走りました。

宮崎支店長「石井課長！ 新聞に談合の記事が出ています。すぐに、A組、B工務店、C土建に連絡を入れて状況を確認してください！」（➡建設業の入札制度と談合問題 p.38）

石井課長「はい！ 早々に調査します」

早速、大久保さんに3社に電話で状況確認するように指示したところ、A組、C土建は関係がないことが分かりました。しかし、B工務店の久保社長となかなか連絡をとることができません。結局、その日の夕方になって久保社長から支店に連絡がはいりました。

久保社長「大久保さん、今朝電話を頂いたみたいで……」

大久保さん「はい、確認したいことがありまして……」

久保社長「談合の件かな？ 実はうちも摘発されてしまって、今までその関係で外出していたんだ」

大久保さん「そうだったんですか。社長、率直に言って経営にどのような影響があるのでしょうか？」

久保社長「かなり厳しくなると思う。おそらく県、市の入札にしばらく参加できないと思う」

大久保さん「えっ、御社は公共工事がメインなので、そうなると結構厳しくないですか？」

久保社長「もちろん、そうならないように動いてみようとは思うのだが……」

❖

電話では事情が良く分からないと思った大久保さんは、ひとまず翌日のアポを取り、宮崎支店長と石井課長に状況を報告しました。その結果、翌日、石井課長に帯同してもらいB工務店に行くことになりました。

石井課長「社長、談合の件、大久保から聞きましたが……」

久保社長「うーん、そうなんだ。どうも談合に参加していない、アウトサイダー（競争で仕事を取りに来る業者）からタレコミがあったみたいで。やってられないよ！」

石井課長「社長、でも談合は違法ですよね」

久保社長「もちろん分かっているよ！ でも、業界全体で生き残るには必要悪なんだ」

石井課長「必要悪と言っても、入札に参加できなくなっては、もともこもないじゃないですか？」

久保社長「それはそうだが……」

石井課長「入札に参加できなくなったら、仕事をとることはできません。資金繰りは、大丈夫ですか」

久保社長「今、下請けや民間で仕事がないか知り合いに話を聞いているところなんだ。できるだけ迷惑をかけないようにするから……」

✢

　しばらく久保社長と石井課長のやり取りが続いた後、B工務店をあとにした2人は、早速、宮崎支店長に報告しました。

石井課長「支店長、今後、入札参加が難しくなるので、資金繰りはかなりひっ迫する可能性が高いと思います」

宮崎支店長「そうでしょうね。うちとしては、賞与資金も断っていますし、工事引き当て分の融資をまずは条件どおりに返済できるかどうかチェックしましょう」

　黙って聞いていた大久保さんに、石井課長が話かけました。

石井課長「大久保さん、何か追加報告はあるかな？」

大久保さん「いえ、もし資金が持たなくなったら、B工務店はどうなるのでしょうか？　そこが気になっていまして……」

石井課長「そりゃ、うちとしてもできる限りのサポートはするが、返済できる見込みがない資金をだすことはできない。自社で調達する形をとらないと厳しいだろうね」

大久保さん「そうですか、久保社長から聞いていますが、確か息子さんが土木部長でいらっしゃる。まだお話できていないので、その方も含めてどうなるのかなと思いまして……」

　それからしばらくの間、状況は変わらず、銀行としても打つ手はなかった。ところが1か月後、久保社長から大久保さんに電話が入った。そこから事態は大きく動くことになった。

IX
C土建へA組の成功要因をもとに経営改善計画
実行に向けて、萬屋社長、専務と奮闘する

◆ 1　C土建の課題をヒアリング

　先週、大久保さんは、石井課長からC土建の経営改善計画の進捗について確認してくるように指示を受けていました。しかし、指示は受けたものの、何を確認すれば良いか、皆目見当がつきませんでした。結局、アポをとった今日まで時間だけが過ぎ、C土建を訪問することになってしまいました。

　C土建を訪問すると、応接に通され、そこに萬屋社長と専務が入ってきました。

大久保さん「お忙しいところお時間を頂き申し訳ございません。今日は、お電話でもお伝えしました通り、経営改善計画の進捗についてお話をお聞きしたいと思い参りました」

萬屋専務「こちらこそ、迷惑をかけっぱなしで申し訳ないわね。いつもどおり、試算表と資金繰り表、受注工事明細ね」

大久保さん「ありがとうございます。工事の方はいかがでしょうか？」

萬屋専務「そうね、どうにか計画をクリアーできるくらいの仕事は確保できるかなと思ってはいるんだけど……」

大久保さん「社長はいかがですか？」

萬屋社長「うーんそうだね。率直に言って、うちの財務や工事実績などを考えると、地元の元請工事をとると言っても限界がある。県の工事を受注できる地域のある程度の規模のゼネコンの下請け工事をとることを考えていかないと、来期以降は厳しいかもしれないね」

　それを聞いた大久保さんは、突然、A組の犬飼専務が『今後は、維持補修管理分野が増加していく』という話を思いだした。

大久保さん「今後は維持補修管理分野の仕事が増えると聞いていますが、そうなると工事一本あたりの仕事が少なくなるということでしょうか？」

萬屋専務「大久保さん、良くご存じね。その通り。うちの場合は、息子も含めて、土木工事の技術者資格を持っている人材はそこそこいるし、直営労務の作業員も抱えているから、一定レベルの仕事を常時確保できれば、利益は出せると思うんだけど。公共工事の維持補修管理が中心になると、もちろん直営労務がいるから工事あたりの利益はだせると思うけれど、販管費までは賄いきれないと思うの」

萬屋社長「大久保さん、少し話は変わるんだけど、銀行の人から『粗利が赤字の工事は受注したらだめだと』とよく言われるんだ。でも、さっき専務が言ったように、技術者も直営労務の作業員も抱えているわけだから、外注や材料などの直工費を差し引きした金額がプラスなら、会社に貢献すると思うんだけど、違うかな？」

　大久保さんは、とっさに以前、石井課長に紹介された『現場感覚に強いコンサルが教える建設業の事業性評価と課題解決』（ビジネス教育出版社）のことを思い出した。社長が言っているのは、あの本の中に書いてあった付加価値ベースのことだなと、大久保さんは思いました。

大久保さん「社長が言っていることが正しいと思います。次回、少し資料を整えて持ってきます！」

萬屋社長「そうか！　ありがとう。なんか、自分の言ったことを認めてくれた銀行員は大久保さんが初めてだからうれしいね」

萬屋専務「そうね（笑）、銀行からは『赤字工事は受注するし、重機も無計画に投資する』って、怒られ続けていたからね」

萬屋社長「こっちだって必死に考えているのに、いつも否定される！　そのうち自分が考えていることは、みんなダメなんだと、自信がなくなってしまってね」

萬屋専務「そうは言っても、農業での失敗や機械を先行投資したことで、財務が痛んでいるのは事実なんだから仕方ないでしょ！　結果が出てから偉そうなこと言えるのよ！」

萬屋社長「それはそうなんだけどね。ところで大久保さん、２つ相談があってね。１つは古い重機を更新しないと修理代が大きくて、余計にコストがかかるんだよ」

大久保さん「そうかもしれませんが、リスケ中なので融資は難しいですよ」

萬屋社長「そうか……。もう１つは、仕事をとるにあたり、地域のゼネコンとの関係を強化したいと思っているんだ。大久保さん、何か良いアイデアはないかな？」

大久保さん「社長、直接営業は行かれたんですか？」

萬屋社長「もちろん、声がけなんかはしているけど、なかなか難しくてね」

萬屋専務「社長、大久保さんが困っているでしょ。まずは、自分達でできることをしないと……」

　萬屋社長と専務からＣ土建の経営改善計画の進捗確認及び意見交換を行った大久保さんは、来週中に今日意見交換した内容で検討事項となったことを自分なりにまとめてくることを約束して、Ｃ土建を後にしました。

◆２　課題解決をみどり川支店で検討する！

　支店にもどり日報を書き終えた大久保さんは、来週までの検討事項を以下のように整理した。

●赤字工事でも受注できる金額管理について
●重機の更新投資について
●みどり市以外の公共工事の受注強化に向けた、新たなゼネコンとの関係性強化について

　大久保さんが上記資料を石井課長に提出すると、早速、宮崎支店長を含めて打ち合わせをすることになりました。

大久保さん「赤字工事の受注判断についてですが、課長にすすめられた『現場感覚に強いコンサルが教える建設業の事業性評価と課題解決』にあった付加価値管理をもとに、お話してみようと思うのですが？」

石井課長「おっ！　大久保さんきちんと勉強しているね。そうだね、付加価値管理だけでなく、工事別の管理についても説明してあげると良いね」

宮崎支店長「それにしても、社長が認めてもらったことを喜んでくれたとは！　これこそ大久保さんの力ね！」

大久保さん「ありがとうございます。重機の更新投資については、リスケ中なので融資は難しい旨、伝えております」

石井課長「そうだね、新規投資は結構ハードルが高いと思う。でも一応、投資効果を検討

するために修繕費の見込み額と、更新投資後の修繕費や燃費効率化による減少見込み額を聞いてみてはどうかな？」

宮崎支店長「確かに今までのような融資では難しいわね。ただ、ここ数年色々な融資方法も出ているので、検討してみる価値はありそうね」

石井課長「そうですね、重機を担保にとるというスキームも可能かもしれません」

宮崎支店長「そうね。重機を評価してくれる外部機関との連携も考えられそうね。ほかにも、うちの関連会社のリース会社に、今の業績の回復状況を伝え、リースで対応するというスキームも検討してみる価値があるかも」

大久保さん「支店長、課長ありがとうございます。早速、修繕費や燃費の向上について聞いてみます」

石井課長「もう１つは、ゼネコンとの関係強化だね。うちもビジネスマッチングをしているから紹介することは可能だな」

大久保さん「ビジネスマッチングですか、社長も喜びますね」

宮崎支店長「紹介するだけでも喜ばれると思うけど、Ｃ土建の企業としての『売り』について、うちなりに整理してあげればさらに喜ばれるのでは？」

石井課長「支店長、事業性評価ですね！」

宮崎支店長「その通り。うちとしてもＣ土建の売り、つまり強みを考えて、お客様を紹介すれば、格好の経営課題解決型の提案事例になるわ」

　宮崎支店長と石井課長のやりとりを聞いていた大久保さんは、そのときA組の犬飼専務が言っていた協力業者の重要性の話を思いだしました。『協力業者として、必要と思われることを提案できれば、ゼネコンも喜んで取引をしてくれるのではないか？』と考えた大久保さんは、来週の提案に向けて内容をまとめる作業を進めることにしました。

◆ 3　大久保さんが課題解決を提案─強みが見えた！

　いよいよＣ土建の検討事項について、意見交換をする日を迎えました。

大久保さん「おはようございます。先日の検討事項について、行内で打ち合わせをしてまいりました」

萬屋社長「ありがとう。それにしても、先日話した直工費を引いた金額の件、大久保さんに認められてうれしかったよ！」

大久保さん「社長、改めて調べてみたのですが、社長が言っている金額の基準は、付加価値という考え方で、付加価値ベースで工事の受注判断、赤字、黒字の判断をしていくことが重要なんです」

萬屋社長「付加価値？　説明してよ」

　早速、大久保さんは準備した資料をもとに付加価値の考え方、管理方法について説明をはじめました。

【付加価値管理について】

期別に売上計上（完成工事に計上する）して、工事の付加価値を集計する。
採用する付加価値は、以下の2つ。

・受注済みの工事で完成したものは、精算済みの付加価値を、未成工事は毎月進捗管理を反映した付加価値を採用する。

・営業段階の工事の付加価値は、工事の種類や過去の傾向、見積などをもとに想定した付加価値を採用する。

【付加価値一覧表】

受注済み：工事別付加価値一覧表①

単位:千円

①工事番号	②現場名	③工期	④担当者	⑤完成工事高	⑥当月実績累計				⑦完成までの見込				⑧付加価値⑤-(⑥+⑦)	付加価値率
					材料費	外注費	経費	合計	材料費	外注費	経費	合計		
101	A工事			10,000	500	3,500	500	4,500	400	2,500	300	3,200	2,300	23.0%
102	B工事			36,000	2,800	18,500	400	21,700	1,000	6,500	100	7,600	6,700	18.6%
103	C工事			20,000	5,000	4,700	2,000	11,700	1,000	1,900	600	3,500	4,800	24.0%
104	D工事			6,000	400	2,400	300	3,100	300	1,200	200	1,700	1,200	20.0%
合計				72,000	8,700	29,100	3,200	41,000	2,700	12,100	1,200	16,000	15,000	20.8%

（⑥⑦には「外部購入原価内訳」の見出しがかかる）

営業見込み：工事別付加価値一覧表②

営業工事NO	工事名	元／下	工期	受注予定金額	予定付加価値	付加価値率	営業担当者
1	E工事	元請		25,000	3,000	12.0%	
2	F工事	元請		30,000	2,500	8.3%	
3	G工事	元請		22,000	5,000	22.7%	
4	H工事	下請		15,000	2,500	16.7%	
合計				92,000	13,000	14.1%	

※①＋②の付加価値合計が当期合計着地見込付加価値！

工事の受注判断には「付加価値」で黒字か赤字かを見ていくことが重要です！

よーし、直工費を差し引いた金額がプラスなら会社に貢献するという考え方は間違っていなかったぞ！

○通常、工事で利益が出ているのか、出ていないのかをみようとする場合、「粗利益（売上総利益）」という指標を用いるのが最も一般的です。この粗利益とは、下の表のように算出します。多くの会社で用いられている指標ですし、技術者にとって「自分の給料分くらいは現場で稼ぐ」という粗利益へのこだわり・意識は必要です

○しかし、労務費等の内部原価を工事一本ごとに配賦することが必要となり、そこに恣意性が介在します。そこで、完成工事から外部購入原価だけを差し引いた付加価値で判断していくことがもっともわかりやすく、ぶれない指標となります。

A工事 完成工事高		10,000	100.0%	・お客様（社外）から、社内に入ってくるお金
外部購入原価	材料費	900	9.0%	・外部購入原価は社外に出るお金
	外注費	6,000	60.0%	（削減することで、社内に残るお金が増やせる）
	工事経費	800	8.0%	・企業努力で、外部購入原価の削減は可能
	計	7,700	77.0%	（例:工期短縮、内製化等 ・変動費（売上とともに変動する費用）に近い
付加価値		2,300	23.0%	・社外に出るお金を控除し、社内に残ったお金
労務費等内部原価		1,000	10.0%	・労務費等は受注工事がなくても、必要となるお金（固定費:会社が存続する際に必要となるお金）
粗利益		1,300	13.0%	

大久保さん

萬屋社長

98

萬屋専務「つまり、年間でこの付加価値を積み上げらたら、年間での利益が達成できるから赤字にならないということね。それを営業中の工事、受注済みの工事にわけて月に一回付加価値を精査し、それを集計して、目標との差を見ていくということね！」

大久保さん「そうです。極端に言うと、社長や専務は付加価値だけを見ていれば、利益計画の進捗状況が把握できるということです」

萬屋社長「なるほど、ぜひ付加価値を取り入れたいね。ほかにも何か提案はあるの？」

大久保さん「重機への投資ですが、支店長から投資効果を検討するために修繕費の見込み額と、更新投資後の修繕費や燃費効率化による減少見込み額に関する資料の提供をお願いするよう指示を受けました。当銀行でも、リースをはじめさまざまスキームを提供しているので、その中から最適な提案ができるよう検討したいと思っています」

萬屋社長「それはありがたい！　早速、資料を作成するので、ぜひ検討をお願いしたい。」

大久保さん「かしこまりました。お手数をおかけしますが、資料をよろしく願いします。ところで、もう１つご提案があります。安定した受注を確保するために、ビジネスマッチングでゼネコンを紹介したいと考えているのですが」

萬屋社長「それはありがたい！　早速、お願いしようかな」

大久保さん「かしこまりました。ただ、それには先方にアピールする御社の強みを明確にする必要があります。今日は、それを考えたいと思います」

萬屋社長「伝える？　うちは土木工事も含めて、下請けができる以外は何もないけど……」

大久保さん「いえ、そんなことはないと思います。土木でも工事の種類で得意なところはないでしょうか？」

萬屋社長「えー、うーん、何でもできることかな？」

萬屋専務「社長なに言ってるの！　下水工事は、いつも結構儲かっているじゃない、理由があるんでしょ！」

萬屋社長「そうだな、上下水道工事に使う、菅を埋める穴を掘ったときに横の土が崩れないように、土留めにつかう金属の壁があるんだが、リースだと高いから、自社で７年前に投資して買ったんだよ。メンテしながら使うと15年は軽くもつからね、今はほぼタダに近いのと、自社の重機と直営労務を使っているから、スピードは２倍くらいはやい。だから儲かっているわけ」

大久保さん「社長、そういう視点が大事だと思うんです！」

萬屋社長「そうかな、当たり前だと思うんだけど……」

大久保さん「今お話しを聞いて思ったのですが、工事の管理をする元請だと、工事はこなせないですし、現場の施工って協力業者や専門工事業者に任せている部分が大きいじゃないですか。さらに御社は元請の仕事もしているので、元請ゼネコンからすると、かゆいところに手が届く業者と思われませんか？」

萬屋専務「そうね！　それを提案すると、活用しやすい優良協力業者と思われるかもしれないわね」

99

さらに議論を重ねた結果、以下の3つのポイントでアピールすることが決まりました。みどり銀行のビジネスマッチングのスキームを利用するのはもちろん、萬屋社長も積極的に知己のゼネコンや人脈にPRしていくことになりました。

> ・元請業者として、管理技術者を抱えている。
> ・直営労務があるので、スピード感を持って仕事ができる。
> ・重機、工事現場で使う様々な工事器具を自社で所有している。

　支店にもどった大久保さんは、早速、宮崎支店長と石井課長にC土建の強みについて報告しました。それを聞いた宮崎支店長と石井課長は、早速、大久保さんを交えてビジネスマッチングなど、銀行で貢献できることについて検討することにしました。

大久保さん「C土建の強みが、重機や工事現場で使う様々な工事器具ということなので、更新投資については何等かの形でサポートをしたいと思います」

石井課長「支店長からも指示があり、早速うちの関連リース会社に連絡して、決算書や経営改善計画の情報を共有したよ。前向きに検討するって返事が来ているから、C土建から資料が届いたらすぐに送付してくれ」

大久保さん「課長、ありがとうございます」

宮崎支店長「付加価値管理の提案は社長、専務も何を目標に経営管理をしたらよいのか、シンプルに分かったんじゃないでしょうか。あまり多くの数字を目標にしても、結果的に混乱してしまう経営者は少なくないですからね。大久保さんの提案のおかげね！」

大久保さん「石井課長に紹介頂いた『現場感覚に強いコンサルが教える建設業の事業性評価と課題解決』の本の中で、唯一頭に残っていた内容だったので……。正直に言って、その他はあまり頭に入りませんでした」

石井課長「スタートは、それで十分だと思うよ。あとは、お客様から色々教えてもらいながら、本と経験を合わせていけば気づきも多くなるさ」

宮崎支店長「次は、紹介先ね。うちの支店だけでなく、本部の法人営業部に全店のビジネスマッチング対象のデータベースがあるから、それを活用してみてはどうかしら？」

大久保さん「分かりました。早速、活用するための手続きをします。今回、C土建のPRポイントについて、萬屋社長と専務と色々話を進めるうちに、萬屋社長の姿勢が前向きになったような気がします」

石井課長「それは大事だね。銀行もどちらかというと、今までは問題点の改善ばかり提案していたからね。これからは、問題点だけでなく、企業の強みも見て提案するという姿勢が大事だね。我々も反省しないと！」

宮崎支店長「大久保さんの前向きな姿勢が萬屋社長の姿勢を変えたのよ！　良かったわ！」

　その一言を聞いて、大久保さんは少し自信を取り戻しました。そして、早速、法人営業部に連絡し、土木の下請け業者を探している業者の選定を依頼しました。

◆ 4 具体的な方針が決定、動き出すC土建の経営改善

　その後2ヵ月の間、銀行からは大雨の災害が発生した隣県のゼネコン1社を、社長自身も同地区の隣県のゼネコンの役員との面談をこなすことによって、隣県の同地区の仕事で自社がかなり対応できることが分かってきました。そこで、大久保さんはC土建に訪問し、今後の対応について、萬屋社長と専務と打ち合わせをすることにしました。

萬屋専務「大久保さん、企業紹介ありがとう！　社長自身も動いて面談できたし、今は仕事につながる手ごたえをすごく感じているの、ねぇ社長！」

萬屋社長「そうなんだ、これも大久保さんのおかげだね。隣県の大雨の災害対策工事なんだけど、これから3年程度続く予定なんだ。県内の土木の専門工事業者だけでなく、重機、作業員も慢性的に不足しているみたいで、うちのような企業を探していたようなんだ」

大久保さん「それはチャンス。今後の受注につながりそうですね。」

萬屋社長「そうなんだ、加えて工事の発注件数も増えているため、管理する技術者（土木施工技士一級取得者の工事経験者）も不足しているみたいなんだ」

大久保さん「ということは、元請で仕事がとれるということですか？」

萬屋専務「大久保さん、それは急には無理なのよ。うちの場合、財務的にもまだまだで、一般建設業の許可（➡建設業の許可、p.29）しかとっていないし、隣県の土木工事の入札参加資格もないから、元請で仕事をとれるようになるには、かなりの時間が必要だと思うわ」

大久保さん「そうですか。でも、下請けなら対応できるので、安定した仕事が受注できる可能性は十分ありますね」

萬屋社長「そうだね。ただ、ここから200km以上離れていることがネックなんだ。実質的に工事をこなすとなったら、先方に宿泊費等を頂くにしても、従業員の負担が大きくなる。しかも、継続して仕事をもらうためには、こちらから行く体制では、どうしても先方からすれば『使いにくい業者』となるので、優先的に取引を縮小される可能性が高いよね」

大久保さん「そういうネックもあるわけですね。例えば、隣県に簡易の宿泊付の管理事務所を設けるといった対応はできないでしょうか」

萬屋専務「それを社長とも話しているんだけど、コストの問題もあるし……」

大久保さん「もちろん、うちで融資ができるか検討したいと思いますが、もし先方が宿泊費を出してもらえるということなら、先方にも協力してもらい、先行投資としてプレハブなどの事務所を設置してもらうというのはどうでしょうか。かかった費用は、工事代金から分割で支払うという方法です」

萬屋専務「大久保さん、面白いアイデアね。ねぇ社長、先方に打診してみたら？」

萬屋社長「そうだな、先方にもメリットがあるし、一部負担してもらうことは可能だと思う。早速、相談してみよう。あともう1つ、先方との関係性を強化する方法はないかな

と思っているんだけど……」

大久保さん「そうですね。これまでの議論を整理すると、「隣県の大雨の災害エリアでは、管理技術者が不足している」、「できたらＣ土建も元請で受注したい」、「みどり川市の発注の公共工事は、今後もさほど増えない」といったことがポイントだと思います」

萬屋社長「そうだ！　うちの技術者を１名か２名、出向か転籍させれば良いんだ！　そうすれば、先方も工事を受注できる本数が増えるし、うちの技術者が管理する物件をうちが下請けで仕事することで、慣れたメンバーなので効率も良くなる！」

萬屋専務「それはおもしろいわね！」

大久保さん「すごいアイデアだと思いますが、実際に人を受け入れれば、先方はすぐに受注できるんですか？」

萬屋社長「確か技術者は、３か月の雇用期間を過ぎれば、その企業の技術者として工事を受注できるので、その期間さえ過ぎれば対応は可能だと思う」

萬屋専務「社長、後継者の育成も兼ねて、息子２人を転籍させたらどうかしら。一度、外の飯を食わせて苦労させるのも良いと思うわ。実際、従業員にそれをやらせるのは酷だし、従業員の目からもまずは率先して息子たちを転籍させる。そういうオーナー一族が苦労する姿勢を見せることは、将来、社長になる時にも良い影響があると思うわ」

その後も議論は続き、最終的に以下の方針が決まりました。

【議論して決めた方針】

【議論して決めた方針】

○隣県災害地区に簡易事務所兼宿泊施設の設置を提案する。
設置コストは、可能なかぎり先方に先行投資分として資金協力してもらう。

○安定的に受注を確保するため、発注量に対して不足している、技術者である息子を転籍させる提案を行う。
うちとしては、転籍させた息子が管理者の工事を中心に下請をすることで、効率も上がるし、先方の負荷も少なくなる。

　早速、この方針をもとに、銀行の紹介先と萬屋社長が動いたゼネコン２社に対して交渉したところ、２か月の交渉期間を経て、社長が動いたゼネコンが方針受けいれ、取引をスタートすることになりました。

　こうして、まずは社長の長男が技術者として転籍し、若手の作業員を中心に、平日は隣県地区の簡易事務所兼宿泊施設（プレハブ）に出張して、下請けの災害関係の工事をこなすという流れが確立しました。

　その後もＣ土建は、作業員の高齢化対策として海外研修生（➡進む外国人材の受け入れ、p.21）を受け入れるなど、様々な経営課題を大久保さんとともに検討することによって、その後２期連続で30百万円程度の利益を確保できるようになりました。現在、隣県と地元の工事の比率が４：６となっていることからも、あのとき新たな挑戦をしていなければ、経営改善計画の履行はかなり難しい状況に陥っていたと思われます。

✢

萬屋社長「大久保さん、隣県の災害工事もあと３年程度は継続して発注されるようだから、経営改善計画の期間はある程度受注が見えてきたと思うよ」

萬屋専務「本当に大久保さんのおかげよね。でも社長、それもいつまでも続くわけではないから、次どうするか考えないとね」

萬屋社長「そうだな、今考えているのは、財務面もあと２年程度すると、特定建設業の許可の取得が可能になる。そうなれば経営審査も一定レベルになるので、みどり県の公共工事の入札に向けて準備をしたいな」

大久保さん「すでに先を見据えておられる。社長、やる気ですね！」

萬屋専務「そんな簡単にはいかないと思いますよ。少し調子に乗りすぎかも（笑）。私は、もっと地元の民間の仕事を受注することを強化すべきだと思うわ。うちは、土木だけでなく、水道設備、建築もできるんだから」

大久保さん「専務の言う通りかもしれませんね。今後は維持補修管理分野のリフォーム、リニューアル、補修・修繕などの割合がどんどん増えますからね」

萬屋社長「そうだな、公共工事は工事の実績などの積み上げが必要だから、まずは地元を強化しながら、大久保さんの言う、維持補修管理の仕事をしていくのが正解だね。実は、俺、建築の学校をでていて、土木以外のことも結構できるんだ。最初に勤めた会社では、建築の監督をしていたからね」

大久保さん「えっ、そうなんですか。てっきり土木だけやってきたのかと思っていました」

萬屋社長「一応、２級建築士と建築施工管理技士１級も持っているんだ」

　今では、Ｃ土建は地元農家の方からの農地の土木工事、そこから稲作管理のサポートなど様々チャレンジをしています。このように萬屋社長、専務が前向きな経営姿勢になったのは、大久保さんと胸襟開いて色々議論したことがきっかけになったのは間違いありません。

X
B工務店の経営危機に
大久保さんが立ち向かう！

◆ 1　資金繰りが厳しい！　引き当て融資の延長依頼

　談合が発覚し窮地に追い込まれているB工務店では、久保社長が自ら下請工事などの受注に奔走する日々が続いていました。C土建の対応でばたばたしている大久保さんでしたが、いつもB工務店のことが気になっていました。久保社長から電話がかかってきたのは、談合発覚から約1ヵ月が過ぎたころでした。相談したいことがあるということだったので、大久保さんはB工務店に出向きました。

❖

大久保さん「久保社長、お世話になります。その後、下請工事の受注など順調でしょうか？」

久保社長「大久保さん、来てもらって早々に悪いんだけど、下請工事の受注がなかなか進まなくて……。来月期日の工事引き当ての借入だけど、返済を延期してほしいんだ」

大久保さん「工事代金が入ってこないのですか？」

久保社長「いや、工事代金は入ってくるが、資金繰りのめどが厳しくてね。それを返済すると、3か月後に資金が枯渇しそうなんだ」

大久保さん「その件に関しては、早速、支店に戻って相談します。私としても、できる限りのことはしたいと思っているのですが……」

❖

　支店に戻った大久保さんは、早速、石井課長に相談しました。

大久保さん「課長、B工務店の久保社長から、来月の工事引き当ての短期借入の返済が難しいので、延期してほしいという相談を受けました」

石井課長「工事代金が入らないの？」

大久保さん「いえ、3か月後に資金不足が発生するかもしれないということです」

石井課長「それは難しいよ、返済してもらわないと」

大久保さん「しかし、返済すると資金不足が発生するかもしれません」

石井課長「そこは、企業努力でなんとかしてもらわないと！　まずは、返済してもらうのが先決だよ」

　2人のやりとりを聞いていた、宮崎支店長が声をかけました。

宮崎支店長「石井課長、確かに返済を最優先に考えるべきですが、その後ことを考えてあげるのも大事だと思いますよ」

石井課長「支店長がおっしゃることは分かりますが……」

宮崎支店長「もちろん、課長の言う通り、返済してもらうのが条件だから、きちんと履行してもらう必要があります。ただ今後も末永く取引していただくことを考えれば、企業の現状や今後の課題を親身になって聞くことも大事だと思います。そうすることで色々分かることもあるし、久保社長も本音で話をしてくれるのではないでしょうか」

石井課長「分かりました、状況確認に行ってきます」

宮崎支店長「課長よろしく。あと、大久保さん、何かあるかしら？」

大久保さん「久保社長のお話だと、談合発覚後に動いている下請工事の見込みがないことを気にされていました。それがないと結局、資金が入ってこないので、返済ができないと言われるかもしれません」

宮崎支店長「なるほどね。現在の下請工事の受注状況も含めて、きちんと確認してきてください」

大久保さん「それと、あまり関係ないことかもしれませんが、まだ、久保社長の息子さんの土木部長にお会いできていません。それが、少し気になりまして……」

石井課長「そうか、それなら現場の状況も把握したいということで、久保社長に息子さんも同席してもらうよう、お願いしてみてはどうだろうか？」

宮崎支店長「石井課長、くれぐれも追加の保証人や担保を目的に会いたいと言っているなんて思われないようにしてくださいね」

石井課長「えっ、なんでわかったんですか。保全強化が一番ですから……」

宮崎支店長「もちろん、その姿勢は大事ですが、まずはＢ工務店が今後存続できる状況かどうかを把握することが先決です。経営者保証ガイドラインにあるように、経営者に過度な保証を求めるのではなく、再チャレンジできるようにする時代ですからね」

経営者保証に関するガイドラインは、経営者の個人保証について、

(1)法人と個人が明確に分離されている場合などに、経営者の個人保証を求めないこと

(2)多額の個人保証を行っていても、早期に事業再生や廃業を決断した際に一定の生活費等(従来の自由財産99万円に加え、年齢等に応じて約100～360万円)を残すことや、「華美でない」自宅に住み続けられることなどを検討すること

(3)保証債務の履行時に返済しきれない債務残額は原則として免除すること

などを定めることにより、経営者保証の弊害を解消し、経営者による思い切った事業展開や、早期事業再生等を応援します。
第三者保証人についても、上記(2),(3)については経営者本人と同様の取扱となります。

経営者に過度な保証を求めず、再チャレンジできるような経営者保証ガイドラインの運用も求められているわね。

出所：中小企業庁「経営者保証に関するガイドライン」

宮崎支店長

石井課長「確かに、そういう方向にすべきですね。気を付けます」

　２人のやり取りを聞いた大久保さんは、早速、Ｂ工務店の久保社長に電話を入れ、土木部長同席のもと面談したい旨のアポを入れました。

◆ 2　後継者の久保土木部長がＢ工務店の将来の光?

　翌日、石井課長と大久保さんがＢ工務店に着くとすぐに応接に通されました。その数分後、久保社長とともに40歳を少し超えたぐらいの男性が入ってくると、そのまま石井課長の方に寄ってきました。

石井課長「はじめまして、みどり銀行の石井です」

久保部長「こちらこそ、ご挨拶が遅れ、また、この度は談合の件などで、ご迷惑をおかけし申し訳ございません。久保進介と申します」

大久保さん「はじめまして、みどり銀行の大久保と申します」

久保部長「担当されて早々に、このようなことになり申し訳ございません。久保進介と申します」

　このとき大久保さんは、『久保社長とはかなり違い、まじめで丁寧だけど、かっこいい雰囲気を持った、しっかりした人だな』という印象を持ちました。

石井課長「久保社長、早速ですが、来月の工事引き当ての借入返済が難しいということですが、やはりこの先、下請工事の受注が難しいということですか?」

久保社長「そうなんだ、精一杯動いているので、そのうち仕事が見えてくると思うので、すこし延期してほしいと思っているんだ」

石井課長「そうですか、実際見えてきている仕事はどちらの業者の仕事になるのですか?」

久保社長「いやー、それは、ほら、あまり名前だすと……」

　こうしたやり取りが続くばかりで、いつまでたっても具体的な受注の話がでてきません。すると、突然、久保部長が話し始めました。

久保部長「社長!　今の段階で当てがないのなら、ないと言わないと。銀行の方も協力のしようがないじゃないですか!」

久保社長「いやー、一応あてはあるんだ。とりあえず銀行には、あると言わないと延長してもらえないし……」

久保部長「前から言ってる通り、談合なんて今の時代に合わないんだよ。国交省の『2017＋10』に書かれている、ICTを活用した重機やドローンの導入、維持補修管理ができる体制づくり、直営労務による効率化、民間分野への営業など、様々な改革に愚直に取り組まなければ将来はないと思うよ」

久保社長「あんな方針、しょせん業界を知らないやつが作った机上の空論に過ぎん!　なんだかんだ言ったって、話し合いで業界全体が潤うように仕事をとる。それがこの業界のしきたりだし、うちのためにもなるんだ。お前の言うようなきれいごとでは、金ばか

りかかってしまい、業界もうちも儲からなくなってしまう」

久保部長「でも、実際に談合しても、今ここに金がないじゃないか！　結局、談合のための業界調整や接待やらで消えてしまったんじゃないの！　今は昔と違って、入札制度は厳格化されているし、経営審査や工事成績評定の評価ポイントなど、建設業にも経営の透明化が求められる時代なんだ！　それも分からないで、どうやって談合だけで飯が食えると言うんだ！」

　こんなやり取りをそばで聞いていた大久保さんは、久保部長の理にかなった言葉に妙に共感を覚えました。

石井課長「社長、部長、少し落ち着いてください。どちらの言い分も正論だと思いますが、1つ言えるのは土木部長が今話された取組みをまじめに行っている企業の方が業績がよいという事実です」

久保社長「業界には、それぞれの慣習があるんだ。建設業の談合は、生き残る上で必要悪なんだよ！」

大久保さん「社長、でも談合がばれたことで入札に参加できないということは、談合そのものが業界のためにならないということではないでしょうか？」

　久保社長は、この大久保さんの一言で黙ってしまいました。結局、その日は、久保社長、土木部長とも冷静になれないと判断し、翌日改めて相談することにしまし、場所も今度は支店で行うことにしました。

　支店にもどった2人は、早速、宮崎支店長に状況を報告に行きました。

石井課長「支店長、久保社長は結構追い込まれている感じです。あの感じでは、おそらく下請工事のめどはたっていないと思います」

宮崎支店長「そうですか。ところで、息子さんの土木部長はどのような方でしたか？」

石井課長「こう言うと久保社長に失礼かもしれませんが、社長とは全然違いかなり好感がもてるタイプです。言っていることは理にかなっているし、かなり業界の状況を勉強している感じです」

宮崎支店長「それなら、銀行としてもB工務店の将来に少し希望が持てるわね。明日来られるにあたり、いつもどおりの資料をまずは依頼しておいてね」

石井課長「その件については、念押ししてきました」

❖

　翌日、久保社長と久保土木部長が来店し、挨拶もそこそこに宮崎支店長、石井課長、大久保さんとの打ち合わせが始まりました。

石井課長「昨日はありがとうございました。まずは、依頼した受注工事明細、資金繰りなどの資料を見せていただけますか？」

　久保社長は、多少渋るそぶりを見せながら資料を差し出しました。

久保社長「申し訳ないが、引き当て工事も貴行だけでなく、他行にも同じ工事を引き当てていたんだ……」

久保部長「昨日の打ち合わせでは取り乱してすみませんでした。あの後、社長と経理担当と改めて話をしたところ、工事引き当てだけでなく、実は決算書も実態とは違うことが分かりまして……」

石井課長「えっ！　粉飾ということですか？」

久保社長「経営審査対策で、どこの業者も行っていることだから、悪気はないんだよ」

石井課長「社長、それは金融機関に対する裏切り行為です。うそ言って融資をさせたのと一緒で、限りなく犯罪に近い行為だと思います！」

宮崎支店長「石井課長、まぁまぁ。土木部長、分かる範囲内で粉飾の内容を教えてください」

　その言葉を受けて久保部長は、昨日経理担当者と一緒に作成した未成工事支出金の明細をもとに、約1億円の粉飾があることを説明した。

宮崎支店長「土木部長、正直に情報提供して頂いたことを感謝します。ただ、久保社長、この状況だと、うちとしても支援をするのは難しいと思います」

久保社長「支店長申し訳ない。昨日石井課長や大久保さんから指摘された通り、私がすべて悪いんだ。あれから息子と話をして、こうなった以上、すべてをオープンにして助けてもらうことに決めたんだ。もちろん、全責任は私にあり、私は退任する。ただ会社や従業員、それに息子については、何とかか残せるようにしてもらえないだろうか」

　大久保さんは、頭を下げて懇願する久保社長を見ながら、『そういえば、昨日久保部長が言っていた2017+10というキーワードを、確かA組の犬飼専務も言っていた。2人の考え方やスタンスは、意外に近いな』と思いました。

石井課長「久保社長、今さら言われても……。現状では、融資での対応、これ以上の支援は難しいと思います」

宮崎支店長「社長、石井の言う通り融資での対応は難しいと思います。この件につきましては、行内で協議をした上で返答させていくください」

久保社長「支店長、分かりました。ぜひ、前向きに検討してください」

　しばらくの間、沈黙が続いた後、大久保さんが土木部長に向けて話しかけました。

大久保さん「土木部長の昨日の話はすごく勉強になりました。ところで、土木部長は、どのような経緯で実家に戻られたのですか？」

久保部長「土木系の大学を卒業後、東京のD建設に就職し、おもに土木部門の仕事を担当していました」

大久保さん「D建設というと、超大手ですね」

久保部長「最新の工法などいろいろ経験することができましたが、それとは別に地域の土木工事も、別の技術や段取りが必要なので結構面白いですよ」

大久保さん「昨日のお話の中に、国交省の方針2017+10の話がありましたが、セミナーか何かで勉強されたのですか？」

久保部長「たまたま県の協会が講師を招いて講習会を行うことを耳にしたので、それに参加したのです」

大久保さん「そうだったのですか。実は、たまたま同じ話を他のお客様から伺ったので……」

久保部長「そうですか、セミナーに参加していたのは、我々世代が多く、その上の年代の方は少なかったですね。そう言えば、貴行との間で取引があるか知りませんが、Ａ組の犬飼専務とは高校の同級生なんです。セミナー会場でばったり会ったので、ちょっと立ち話をしました」

大久保さん「そうだったんですか。技術の進歩が速く、それに合わせて制度もどんどん変わる今の時代には、セミナーなどで勉強する必要がありそうですね」

久保部長「私もそう思います。これからの時代、これまでのような業界調整だけで生き残ることができないのは明白です。時代にあった会社にするためにも、勉強は必要だと思います」

こうして、この日は、行内で検討した後に回答することで終わりました。

3　Ｂ工務店をM&Aで助ける！

数日後、Ｂ工務店の支援方法について、融資部経営支援室の担当者を交えた検討会が行われ、以下の懸念事項が洗い出されました。

> ● **Ｂ工務店に対する支援の懸念事項**
> ・今後、談合に伴う入札参加停止等による受注減少時の赤字補填資金の対応は可能か？
> ・その後の談合に伴う課徴金に対する財務的な負担は可能か？
> ・未成工事支出の粉飾に対する取り扱いについて
> 　⇒会計上落とした場合に、公共工事を主体しているが、経営審査事項が悪化し、今までどおり受注できるのか？
> 　⇒税務上の損金として認められないリスクがあり、仮に債権カットやDDSを実施した場合に、税コストを負担できるか？

こうして経営支援室の担当者と洗い出した懸念事項をもとに宮崎支店長、石井課長、大久保さんは、最終的な打ち合わせを行いました。

石井課長「支店長、この懸念事項をもとに検討すると、うちが融資で支援するのは不可能です」

宮崎支店長「そうですね。さらに踏み込んで債権カットをしても、粉飾部分は税務上の損金で落ちない可能性が高いので、免除益課税に耐えるのは難しいわね。今、Ｂ工務店に青色欠損金はあるのかしら、大久保さん？」

大久保さん「えっ、分かりません」

石井課長「支店長、ないですね」

宮崎支店長「そうなると、経営改善計画を策定してDDSを入れても、仮に利益がでると

法人税がかかってしまう。銀行にしても過剰支援になりかねないわね」

石井課長「そうですね。やはり銀行としては、回収にかかるしかないと思います。それで倒産しても仕方ないのでは？」

宮崎支店長「もちろん回収は大事ですが、今のように資金繰りが厳しい状況の中で回収するにしても、大した資金は回収できないかもしれません。それにもう１つ、Ｂ工務店の倒産によって地域経済にかなり大きな影響を与える可能性も否定できないと思います」

大久保さん「地域経済における影響ですか？」

石井課長「例えば、従業員やその家族の生活に大きな影響を与えるし、外注先もＢ工務店向けの工事代金が焦げ付くことで破綻するかもしれない」

宮崎支店長「本当に難しいわね。ただ、後継者の土木部長はしっかりした人だし、久保社長も経営責任をとって辞めると言っています。何とか残す方法を考えたいわね」

大久保さん「あのー支店長、Ａ組にお願いするのはダメでしょうか？」

石井課長「大久保さん、Ａ組は建築中心だから土木って難しくないかな？」

大久保さん「実は、以前Ａ組の犬飼専務にお話しをお伺いに行った際に、土木部門が弱く、今後の業界の維持補修管理分野の仕事をしていく上でも、建築だけでなく土木部門の強化は必要だと仰っていました」

宮崎支店長「大久保さん、結構つっこんだ話を犬飼専務としたのね。前からコミュニケーション能力が高いということは聞いていたけど、さすがだわ！　そうね、どこかに引き受けてもらうというのも、十分選択肢としてありえますね」

石井課長「支店長、それなら中小企業再生支援協議会を利用して、会社分割か営業譲渡し、我々金融機関も貸付金の一部債権を放棄するというのはどうでしょうか。これなら外注先にも影響が及ばないので、うまくいくと思うのですが？」

❖

　数日後、銀行としての支援内容がまとまり、Ｂ工務店の久保社長、土木部長に説明をすることになりました。

石井課長「久保社長、厳しいお話になりますが、やはり融資で御社を支援するのは難しいという結論になりました」

久保社長「そうですか、では、すべて期日どおり返済をしていき、資金が枯渇して倒産という選択肢しかないということか……」

石井課長「融資はできませんが、中小企業再生支援協議会を活用して、他社に支援を仰ぐスキームは可能かもしれません」

久保社長「それは、最近よく耳にする「M&Aで会社を売る」ということ？」

石井課長「イメージとしては、それに近い感じですが、それより厳しい内容です。御社の良い部分だけを他社に見てもらい、残りは清算するというのが基本的なスキームです。具体的には、まず社長には責任をとって退任してもらいます。その際、個人の連帯保証を履行してもらうため、場合によっては破産してもらうかもしれません」

久保社長「そうか……」

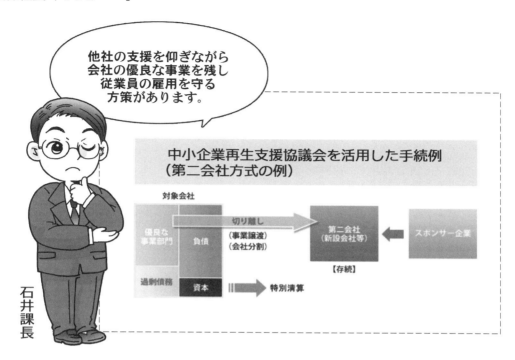

久保部長「石井課長、私は外に働きに行けるので問題ありませんが、従業員や協力業者だけは何とか助けてあげたいと思っています。もし、そうすれば助けられるというのなら、ぜひ、そのスキームで検討したいと思います。」

久保社長「しかし、それは……」

久保部長「もう時間がないし、まずは、従業員や協力業者に迷惑をかけない方法を考えないと!」

　結局、久保部長の説得が奏功し、この方法で進めていくことになり、いよいよ具体的な支援先を検討する段階に入りました。

◆ 4　A組へ買収の提案!

宮崎支店長「久保社長、土木部長。うちとしても、まずはうちの取引先、つまり建設企業に御社の件を引き受けてもらえる先を当たりたいと思いますが、よろしいでしょうか?」

久保社長「それは構わないが、できれば同じ地域でない方が良いかもしれないな」

石井課長「そう言われても資金繰りの時間もあるので、まずは候補先を見つけてからでないと……」

　すると突然、大久保さんが手をあげて話し始めました

大久保さん「土木部長、以前、A組の犬飼専務が高校の同級生だとおっしゃっていました

が、土木部長のつてはありませんか？」

久保部長「みどり川市だと、確かに犬飼専務には相談できると思います、人柄も知っているし。あと、自分がいたＤ建設の同僚などにも聞いてみたいと思います」

大久保さん「土木部長には、つらい役目かもしれませんが……」

久保部長「いえ、責任の一端は私にもあるわけですから。従業員と協力業者のためなので、早速当たってみます」

大久保さん「土木部長、もしよければ、Ａ組については、うちの銀行からまず打診してみても良いでしょうか？」

石井課長「もちろん、秘密保持契約を締結してからにします。まずは、当事者同士より間で我々が入った方が、条件面なども話がしやすいと思うのですが？」

久保部長「ぜひお願いします」

❖

　こうして大久保さんは、Ａ組の犬飼専務にアポをいれ、石井課長と同行し、金田社長、犬飼専務と会う約束取り付けままた。

石井課長「社長、専務、お忙しいところすみません。大久保からも連絡しました通り、少しご相談がありお伺いさせていただきました」

犬飼専務「大久保さんから、電話があったから、何か営業ノルマで困っているのかしらと思ってね（笑）。」

石井課長「実は、御社にある企業の買収についてご相談に来ました」

金田社長「買収？　うちが他社を買収するのかい？」

石井課長「そうです。まずは興味があるかどうかと思いまして……」

金田社長「それは無理、無理！　他社を買収して、だれがその会社を見ていくのさ、うちの会社だけで精いっぱいだよ！」

石井課長「そこをなんとか、お話だけでも……」

　突然、大久保さんが手をあげて話し始めました。

大久保さん「先日、犬飼専務から色々お話お聞きしまして、大変勉強になりました。その中で、御社にとって、今後土木部門の強化が必要だと仰っていたので、その提案です！」

石井課長「大久保！　まだ秘密保持もしていないのにだめじゃないか！」

金田社長「いやいや、だれにも言わないからさ。それより、大久保さんの話を聞こうじゃないか」

大久保さん「先日、今後の維持補修管理分野の市場が拡大していく中で、一本あたりの工事量が少なること、その対策は、建築と土木部門、両方の部門を強化していく必要があるという話を犬飼専務からお聞きしました。御社は建築がメインです。となると今後は土木も強化していかないと、今の規模や収益を維持できない可能性があるのではないか。そんな考えから、本日、提案に伺ったしだいです」

　すると、だまって聞いていた犬飼専務が話し出しました。

犬飼専務「大久保さん、良くあの話を覚えていてくれたわね、ありがとう。実際にその通りだと思うわ。社長、この際、話を聞いてみるのも悪くないと思うですが」

金田社長「そうだな、なかなか大久保さんは、はっきり言うからおもしろいね。とりあえず話を聞いて、検討しようじゃないか」

✤

　当日、まずは秘密保持契約を締結し、企業名も含めて情報を開示することになりました。そして一週間後、A組の犬飼専務から大久保さんあてに電話が入りました。

犬飼専務「大久保さん先日はありがとうございました。うちの社長も大久保さんの提案にいたく感動していましたよ。あんな銀行員、今まで会ったことないって！」

大久保さん「とんでもございません、恐縮します。本当は、情報提供の仕方もまずかったので反省しているんです。申し訳ございませんでした」

犬飼専務「それで、本題なんだけど、前に進めてみようと思うの」

大久保さん「えっ本当ですか！　ありがとうございます」

犬飼専務「ただ、心配していることがあるの。B工務店の場合、談合問題もあるし、実際に技術者が離反するといったリスクもあるので、本当に大丈夫なのかなと……。はっきり言って、その点が納得できないと、簡単にゴーサインをだすことはできないの」

大久保さん「それは当然だと思います。では、一度その点のリスクも含めて、B工務店に相談してみるということでよろしいでしょうか？」

犬飼専務「そうね、相談というか、直接先方と会って話をしたいと思っているの。B工務店の土木部長は高校の同級生だし、業界の研修でも会っているから、本音を聞いてみたいの。可能かしら？」

大久保さん「分かりました、少し相談させてください」

5　A組犬飼専務とB工務店久保土木部長との面談！

　犬飼専務が、B工務店と直接の面談を希望していることを、宮崎支店長、石井課長に相談し、中小企業再生支援協会とも協議を行い、B工務店の了承が得られるなら、面談の機会を設けるということになりました。早速B工務店の久保社長にも連絡したところ、自分はもう退任する意向であり、息子の土木部長が決めることに従うので、面談は土木部長に行かせるという回答がありました。それをA組の犬飼専務に伝えたところ、であれば犬飼専務の方が本音で話ができるのではないかということになり、A組も金田社長ではなく、犬飼専務がでることになりました。

　会場は、みどり銀行みどり川支店の応接室。石井課長と大久保さんが同席し、2人の面談が始まりました。

犬飼専務「久保君、忙しいのにごめんね。大事なことだから、直接話を聞いた方が良いと思い、時間を作ってもらったの」

久保部長「犬飼さん、こちらこそ、いやー本当に恥ずかしい事態になってしまって……。本当はきちんとした会社にしたかったんだけど、自分の力不足で……。今は、とにかく従業員と協力業者を守ることを最優先に考え、どうにか助けてほしいというのが本音なんだ、すまないね」

犬飼専務「何言っているのよ、水臭いわね。高校時代もばかやってきた仲間じゃない。事業を継続していくのは大変よ、お互い頑固な父親がいるからやりにくいしね（笑）」

久保部長「いやー、そう言ってもらえると気が楽になるよ。実はある意味で、今回談合問題が発覚して良かったと思っているんだ。こうでもしない限り、うちの会社は古い業界慣習から脱却できなかったからね」

犬飼専務「そうか、久保君は古い業界慣習に反発心を持っているのね」

久保部長「そうだね、全否定をする気はないけれど、建設業が今後若い人達から働きたい業種になるには、グレーなイメージがあるようじゃだめだと思う。やっぱり技術力とか提案力とか、まっとうな勝負で仕事をとっていけるような企業にしたいじゃない。そうは言っても、会社はもうなくなるけどね」

犬飼専務「私も同感よ、時代はどんどん変わっているからね。それと、率直に聞きたいのだけど、御社の技術者のレベルと仮にうちが引き受ける場合の離反リスクはあるかしら？」

久保部長「技術レベルについては、問題ないよ。もともとベテラン、中堅ともにレベルは高く、県の 工事成績評定 （➡発注者による評価、工事の成績表、p.62）の平均点もすべて80点以上だから十分対応できると思うよ。若手も自分なりに教育をしてきたから大丈夫だと思う。もう1つの離反についてだけど、人材が慢性的に枯渇している状況にあるので、明確に大丈夫とは言いにくいな」

犬飼専務「そうか、確かに離反までは分からないわね。ところで、久保君はどうするの？」

久保部長「父親は責任を取って辞めることになるし、自分も責任があるから辞めて、他社に転職しようと思っているんだ。それに残った会社の残務整理もあるし……。父親だけに任せるのは、かわいそうだからね」

犬飼専務「分かったわ。石井さん、談合のリスクについては回避することは可能なのかしら？」

石井課長「今回は、引継ぎ資産のみを御社に引き継いで頂き、残った会社は法的に整理していきます。御社へは、法的なリスクは移らない方法で考えています。また、金融機関の債務は、最低限の引継ぎ、つまりカットして、協力業者などの事業に関連する債務、資産を御社に引き次いで頂く形をなります」

犬飼専務「分かりました。久保君ありがとう。今回の話をもとに最終的な結論を出します。石井課長、大久保さんもありがとうございました」

　大久保さんは、やり取りを聞きながら、B工務店の久保部長の姿勢がりっぱだなと思うと同時に、久保部長の今後について、何か良い方法はないものかと考えていました。

❖❖❖

　犬飼専務から電話がはいったのは、その一週間後でした。B工務店の件で最終結論をお話したいということで、来てほしいという依頼があり、石井課長、大久保さんの2人がA組に向かいました。

犬飼専務「先日は打ち合わせの場を設けてもらいありがとうございました。社長とも相談し結論が出ました。ぜひ、うちで引き受ける方向で進めさせてください。あのあとB工務店の受注工事をしらべ、現場にもうちの土木のメンバーと見にいったりしましたが、久保君の言っていることに嘘はないと確信しました」

金田社長「専務の意見も聞いたし、うちの土木の連中の話も聞いた。大久保さんからも、強い提案を頂いたし、責任をとってくれるからね(笑)。思い切って前に進めるよ!」

石井課長「ありがとうございます。早速、基本合意、金額面について最終調整に入らせてください」

　すると犬飼専務が、黙っていた大久保さんに話しかけました。

犬飼専務「大久保さん、社長に責任とってくれなんて言われたから、何も言えないの?」

大久保さん「いえ、私が言ったことでこのような形になったことに驚きと責任の重たさを感じていました。それと……」

犬飼専務「それと何?　言い出してからやめるなんて、聞いてくれと言っているようなもんじゃない(笑)。」

大久保さん「いえ、少し個人的に気になっていることがありまして……。実は、久保部長の従業員と協力業者を大事にする姿勢に共感してしまい、久保部長はどうなるのかと思いまして……」

犬飼専務「なんだ、そのことか。実は、条件の1つにうちの土木部長に来てもらうことを加えようと思っているの」

大久保さん「えっ、でも御社の土木部長の立場が……」

犬飼専務「今の土木部長は、定年を迎えながら延長して頂いる人なの。それで、今回の件を話したら、「D建設の土木出身なら、間違いない。ぜひ久保君に」って。今の土木部長には、顧問としてうちの協力業者や技術者との調整役になってもらうことにしたから大丈夫よ」

大久保さん「専務、ありがとうございます、助かります!」

犬飼専務「大久保さんにお礼を言われてもね。真面目な話、B工務店の技術者の離反リスクを防止すること、久保君の技術者やマネジャーとしての姿勢、そして、私との今後の建設業業界の見方、方向性が合致しているので、一緒に経営陣としてやっていけたら、うちにも必ずプラスになるという、あくまでも経営判断よ!」

　大久保さんはキリっとしまった犬飼専務の顔を見て、『経営者、経営陣の仕事は決断だし、判断力なんだ』ということを痛切に感じました。

❖❖❖

その後、中小企業再生支援協議会で金額面などについて、最終的な検討が行われ、その結果、当初の予定通り第二会社方式による清算手続きに入ることになりました。

　それから数か月後、大久保さんはみどり川支店を転勤することになり、A組に挨拶に来ました。

大久保さん 「犬飼専務、社長就任おめでとうございます。私、このたび転勤することになりました。短い期間でしたが、建設業界の勉強をさせて頂き本当にありがとうございました。お陰様で、銀行内でも「建設業なら大久保」と、多少ヨイショされている感じですが、一応言われるようになりました」

犬飼社長 「こちらこそ、色々お世話になりました。大久保さんには私も教えらえることがいっぱいあったわ！」

大久保さん 「とんでもないです。次の支店に行っても、建設業企業の担当が結構ありそうですし、頑張ります！」

犬飼社長 「それと、久保部長だけど、今回常務取締役に就任してもらったの。建設に関してはまだまだ素人同然の身なので、常務だった建築部長に専務になってもらい、専務と常務に助けてもらおうというわけ。大久保さんもがんばってね！」

大久保さん 「がんばります。社長、なにかあったら、また聞きにきます！」

XI
ま と め

　ここまで事例をもとに、それぞれ優良先（A組）、資金需要が頻繁な先（B工務店）、経営改善中の先（C土建）において、想定される様々な課題について見てきました。債務者区分で分けると、A組：正常先、B工務店：要注意先、C土建（破綻懸念先）というイメージですが、おそらく今まで皆さんが、取引先として頻繁に接していたのは、B工務店やC土建のケースだと思います。具体的には、「資金需要が頻繁に発生する」、「経営改善計画が進捗中」ということで、定期的なモニタリングが必要になるため、必然的に頻繁に企業と接する機会を持つことになります。ここでぜひ考えてほしいのは、A組のような優良先企業と接する頻度が、B工務店やC土建と比べてどうかということです。

　第1章でも触れましたが、実は今回の事例の中で一番のポイントは、「企業の良いところを見ていくことの重要性に気付くこと」なのです。その中でも、今後大事になってくる目線は、優良先の「良いところ」を学んでいくというスタンスです。それはなぜかと言うと、

優良先の「良いところ」は、その業界の勝ち組の競争力の源泉である可能性が高く、同業他社とのベンチマークに多いに役立つからです。つまり、資金需要が頻繁で要注意先のB工務店、経営改善中で破綻懸念先の企業のどこに問題点があるのかということだけでなく、優良先と同レベルにできていることは何かというプラス面の両面を知ることができるからです。

　さらに、「優良先が将来にわたって業界を牽引するためには、今後どのような経営資源が必要になるか」を考えることによって、大きなヒントを得る可能性もあります。事例ではA組の維持補修管理分野に向けた、土木部門の強化の必要性が出ていますが、このような視点で考えることで、優良先企業への提案につなげることができるのです。

　前述した通り、これまで本書の執筆担当者は、数多くの経営コンサルティングを経験してきました。その経験上、将来も優良先（勝ち組）であり続けるための課題抽出をきちんと行うことが、要注意先、破綻懸念先の支援に大いに役立つことを、様々な実践を通じて強く感じています。

　まずは事例をもとに、現在の取引がある建設企業をイメージしてください。それができたら、第1章、2章で記載した内容をもとに、様々なコンサルティング機能を駆使して、課題解決に向けた解決策を考えてください。

　本書が、金融機関の収益につながるようなソリューションを提供する一助になれば幸いです。

参　考

建設業の**50**の確認ポイント

（改善が進む企業、進まない企業）

第2章Ⅲで説明しました50の確認ポイントについて、実際に支援をしてきた建設企業を例に、改善が進む企業と進まない企業の取組みについて、その特徴を整理してみました。

1　コスト競争力強化に関する取組み

(1)　積算（見積り）能力

ポイント	改善が進む企業の取組み	改善が進まない企業の取組み
□物件ごとにライバルの動向に対する情報収集が的確か。 □営業担当者と密な情報交換を行っているか。 □現地調査を行っているか。 □自社原価の反映はできているか。 □現場経験がある担当者か。 □協力業者から見積を、材料と工数（人数）まで把握できているのか。	○工事部長、購買責任者が主要工種を絞った上で、定期的に発注金額を検証し、自社単価（自社で発注できる最低単価）の見直しを行い、情報共有している。 ○営業物件の優先度を、経営者や営業責任者と積算責任者（担当者）が共有し、積算業務の力の入れ具合を決めている。 ○積算責任者は、工事部長経験者など、工事に精通している人を充てている。	○すべての工種の過去データ等を検証し、自社単価を一気に決定してしまう。その後更新がなく、情報が陳腐化し、結局活用しない。 ○営業部門からの情報が積算担当者に伝わらず、すべての工事をフルパワーで積算し、本来優先すべき積算物件でミスがでる（高くなったり、低入札で失格になる）。 ○積算担当者が積算した金額に対し、経営者等が「この金額では取れない」と、赤字であろうとも入札金額をカットしてしまう。それが続くことで、積算担当者が経営者等にカットされることを事前に計算し、根拠のない上乗せを行い、本来の原価がわからなくなる（原価を共有できない）。

① 原価管理（実行予算管理および発注体制）

ポイント	改善が進む企業の取組み	改善が進まない企業の取組み
□コストや数量・工数の把握はリアルタイムでできているか⇒追加変更工事に対する把握はできているか。	○購買責任者が、下請業者からの請求書等をもとに、数量チェックを徹底的に行うことで、材料の無駄を削減させている。	○現場担当者が実行予算を作っておらず、現場の数量や工数を把握できていない。
□外注先と価格交渉、擦り合せは的確か⇒交渉のやり方、過去見積との比較や相場との比較、人及び機械の工数の管理。	○現場での工夫や下請業者の状況を、部内会議で情報共有し、全社的な取組みをしている。	○実行予算策定が遅く、事前に発注をしてしまう。
□工法などの提案を外注先に行っているか。	○現場担当者に実行予算を作成させることを徹底している。	○昔から取引のある下請業者のみを継続して利用し、「材料工数込」（一式発注）の発注対応をしている（見積を材料と適正な工数に分解できず、コストが明確化できない）。
□材料単価・数量と人工（作業に要する人員数）・工数までの管理ができているか。	○積算部で、最低3社の下請業者の見積や過去発注金額資料を積算資料とともに、現場担当者に提出している。	○現場担当者と下請業者の癒着が常態化し、価格交渉を行っていない。
□ＶＥが水平展開できているか。		○経営者が、能力のある現場担当者のノウハウ（VE等）を共有させる会社のしくみの必要性を理解していない。

② 工程管理（現場管理）

ポイント	改善が進む企業の取組み	改善が進まない企業の取組み
□単価、数量、工数をリアルタイムで把握できているか。 □工程の遅れがすぐに把握できるようになっているか。 □協力業者と連携した工期短縮などの取組みができているか。 □現場のトラブル（工期遅れ）に対応するための組織体制はできているか。 □現場レベルのノウハウを伝承できる体制か。	○実行予算を現場担当者自ら作ることで、単価、数量、工数を把握できるようになる。若い現場担当者に施工図とともに作らせる。 ○下請業者と工事のやり方を事前検討する時間を作り、「工期半分」を目標にし、出てきた利益を下請業者と共有する。 ○現場担当者同士の密な連絡体制ができている。 ○工事部長等が、現場パトロールを定期的に行い現場の状況を把握している。 ○建築部、土木部が連携した取組みができている（暇な現場担当者の現場への派遣により付加価値が向上）。	○特定の下請業者しか利用しないため、繁忙期になると、現場担当者同士で下請業者の取り合いが始まる。結果、新規業者を、工期が厳しい現場で使い、工期遅れが発生する。 ○現場でのトラブルや工期遅れについて、現場担当者から報・連・相がない。管理職も現場を持っていることから、他の現場の状況を把握していない。 ○「工期に遅れなければよい」という考えが、現場担当者に浸透しており、そもそも工期短縮に取り組まない（ゆっくりやった方が楽だという考え）。 ○工期遅れ対策やトラブル事前防止等の現場担当者のノウハウを共有する風土がない。 ○土木部と建築部の部長同士が仲が悪い（暇な時期も部門外のことは関与しない）。

③ 総合評価方式への取組み

ポイント	改善が進む企業の取組み	改善が進まない企業の取組み
【施工計画】 □工事の手順について工夫ができているか⇒具体的な内容、社内での情報共有、データベース化。 □工期短縮に向けた取組みはできているか⇒協力業者との連携、また指導。 □現地に対応した工法、工夫がなされているか⇒現地調査、環境条件、発注者からの課題への対応。	○施工計画書に関する社内検討会を行い、テーマを工程管理と安全管理に絞る。たとえば工程管理については、外注や資材搬入のピーク時の検証や対策を検討し、安全対策では現場周辺の住人や利用者の配慮を検討している（学校や幼稚園の通学路やバスの通り道になっていないか、事前調査を行い、事前の周知、迂回ルートの確保、看板の掛け方等、周辺地域にあった柔軟な対応策を検討している）。 ※役所は、周辺住民や利用者からのクレームを一番気にしている。その対策をどのようにするのかは、施工計画以外でも重要なポイントであり、それを社内で意識することが重要となる。	○施工計画策定等の外部研修等を受けるものの、社内で共有をしない。また、それをもとに、実際の工事施工計画策定に活用していない。
【施工実績】 □施工実績は同種工事ごとに整理されているか⇒工事情報のデータベース化。 □工事成績評点はいかほどか。 □優良工事の表彰はあるか⇒現場担当者ごと、工事種類ごとにデータベース	○工事成績評定の目標を「表彰対象点数」として、目標達成した現場担当者には、実際に表彰されずとも、金一封進呈し、社内できちんと評価して、モチベーションを高めている。 ○連続して発注が出てくるであろう現場（工事案件）	○合格点が取れればよいという低い基準で動いている（長期的な目線で工事受注に向けた取組みができていない）。 ○工事成績評定について反省会を行わない。また、工事部長等の管理職が、工事成績評定の点数について過去データをまとめ

化。 □特許、実用新案、NETIS への登録状況はどうか。	を見極め、その現場は全社一丸となり（書類づくりは事務方も手伝うなど）、工事成績評定を上げるように取り組む。結果評定があがり、入札で優位になり、継続した受注が見込める。 ○どのような工事や工種に強いのか、また実績のある技術者のノウハウをノートやデータにまとめておき、「この工事ならこの工法にする」等すぐに提案、見せられるようにしている	ていない。
【現場担当者の能力】 □保有する資格の程度はどうか。 □技術者の工事種類別の実績はどうか⇒さまざまな工事を万遍なく経験させているか。 □発注者からの受けはどうか⇒提案、ほめられ情報。 □継続した教育に取り組めているか。	○発注者側の担当者や責任者との信頼関係を構築する取組みをしている（具体的には、電話の即座対応。役所への訪問時は、極力管理職の同行を心がける。また、仮に現場で問題が発生した場合は、現場に役所担当者に必ずきてもらい、目で確認してもらう。	○工事部長はじめ、「役所の担当者の好き嫌い」だとか、「別の力が働いている」という考え優先し、自分たちでコントロールできることから、変えていこうという風土がない。
【地域貢献】 □災害発生時の支援活動はできているか。 □地域のボランティア活動	○災害発生時の、橋や道路状況を調査し、即座に役所に連絡。	○災害発生後しばらくしても、過去工事先や顧客に対して、建物の状況確認等を行わなかった。

は実施できているか。	○河川の増水や土砂崩れをチェックできる仕組みを作っている。また、それをもとに、いざというときにすぐに対策を立てられるような体制を作っている。 ○過去の地域の災害をまとめ、自社で何ができるのか検討している。	

2　営業力の強化に関する取組み

(1)　営業体制

ポイント	改善が進む企業の取組み	改善が進まない企業の取組み
□公共、民間別に会社全体で体制が整っているか。 □担当者に営業方針が伝っているか。 □現場担当者と連携した動きが取れているか。 □外部との連携(コネクション)が築けているか。 □親密な設計事務所はあるか、連携がとれているか。 □地元の不動産業者との連携はできているか。 □地元他業種の企業との関	○既存先への訪問責任者や担当者を、現場経験者にして、「顧客からの要望に対して直ぐに提案や見積が出せる」体制づくりをしている。 ○営業目標数値を明確に設定している。 ○施主に対して、竣工時に長期修善計画を渡すとともに、現場担当者および営業担当者、既存営業担当者(現場経験者)で訪問し引き継ぎをしている。 ○営業担当者の実績を受注に加えて付加価値で管理	○経営者自身が、「トップ営業」でしか仕事は取れないという考えを持っている。 ○ブローカー営業に依存している。 ○既存の顧客先のリストや訪問活動を能動的に行わない(訪問するとクレームしか言われないという考え方で消極的)。 ○公共・民間の営業をそもそも分けて営業せずに、地元の業者との調整を営業と位置付け活動している(営業費用が膨大にかかる)。

係は良好か。 □既存客への定期的なアプローチはできているか。	しようとしている。 ○地元の大手不動産業者と連携して、不動産業者の管理物件のリニューアル工事を定期的に受注している。 ○地元医療機関との連携を図り、今後の介護施設の将来計画等を共有し、こちらからの提案も行い、施設の受注に結び付けている。	○設計事務所から仕事をもらうという、御用聞き営業をしている（設計事務所を活用するという考えがない）。

(2) 情報管理

ポイント	改善が進む企業の取組み	改善が進まない企業の取組み
□民間工事を中心に新規案件等の情報は明文化されているか。 □既存客への訪問履歴、修理履歴等の情報管理はできているか。 □顧客、訪問履歴のデータベース化はできているか。 □情報を営業担当者、現場担当者ともに利用できているか。	○数年先までの営業見込みリストが整理されて、毎月更新されている。 ○営業履歴や顧客別の対応履歴記録に残し、経営者や役員が日々目を通し、例え小額工事の施主であっても、偶然であった時に挨拶等、営業にプラスになる行動を行っている。 ○過去の工事の明細や既存客の更新されるデータが、経営者含め全員が確認できる場所（データベース）に整理されている。	○営業情報の明文化は情報漏洩になるからやらないという風土があり、営業情報が共有化されない（自分の手柄のため、手の内を見せようとしない）。 ○営業見込みリストや顧客リストを整理できていない（整理し明文化して営業活動をしていないにもかかわらず、「やっても結果はでない」という言い訳を続ける）。

3　情報の共有化に関する取組み

ポイント	改善が進む企業の取組み	改善が進まない企業の取組み
【ミーティング】 □情報共有をしようという意識・風土があるか。 □目的に応じた会議体制になっているか。	○経営者自身が、会議の目的をきちんと理解している。よって、事前に何を議論するのか幹部等に指示している。 ○時間どおりに全員がそろう。また、全員が意見を発言する。	○経営者や一部の役員が一方的に話をして終わる(だれも発言しない。仮に発言すると途中で遮られるか、発言内容を責められる)。 ○問題定義をすると、「文句を言っている」という反応を示す。 ○会議の方向性が都度変わり、何を議論していくのかよく分からない。
【管理資料】 □会議目的に応じた管理資料ができているか。	○何を見たいのかという視点をスタートに、責任者や担当者自ら管理資料を作成する。それをもとに都度改善を行って、自社ならではの管理資料に変化させる。 ○利益水準(付加価値、粗利なのか)を、判断する層(経営陣なのか、工事部層なのか)によって明確に使い分けている。	○統一した基準(会計基準の利益や固定費の配賦基準)ではなく、各責任者や担当者の個人的な考えのもと、業績管理資料を出し、本当の利益水準や業績が分からない。また、他部門の攻撃を行う風土がある。
【方針管理】 □会社方針(行動計画)が明確で、それに基づく進捗管理ができているか。	○定期的な行動計画進捗検討会に加えて、やるべき行動の優先順位を、会社	○期初に経営計画として発表後、特にそれ以降議論されない。

	（経営者）で統一してすすめている。 ○利益計画と連動している。よって、行動計画の目標設定や進捗管理を数値で極力行っている。 ○従業員が日常の行動の中で、取り組めるように、方針を日常レベルの行動まで分解している。	○日常業務を行うことでよしとする企業風土がある。

4 組織力向上（一体感の構築）に関する取組み

ポイント	改善が進む企業の取組み	改善が進まない企業の取組み
□経営者が考え抜いた上で、その思いを込めた経営計画を策定し、社内に向けて目標と達成に必要な行動計画を示しているか。 □各施策の実行段階では、経営幹部や担当者に権限委譲されているか。 □経営幹部が意思決定をする際の指針があるか。 □経営幹部や従業員の動機づけはできているか。 □上げた成果が目に見えるようになっているか。	○全従業員が経営改善計画の重みを理解し、よい意味での危機感を共有している。 ○経営幹部が意思決定に迷った際の行動指針が社内に浸透している。 ○各施策の担当者が、その施策を実行することの目的や効果など、全体像を理解しながら進めている。 ○短期的に効果が上がる施策と長期的な施策をうまく組み合わせることで、従業員のやる気を高めている。	○環境変化により予定していた施策に変更が必要になると、社長以外にだれも意思決定を行える者がいない。そのため、社長が日常業務に時間をとられ、経営者の視点で物事を考える余裕、時間を失っている。 ○実施策を行うことの目的が明確でなく、仕事や環境が変わることに対しての不安ばかりが先立ち、従業員の反発が強くなっている。

以上

■著者紹介

藤井　一郎

中小企業診断士。経営情報学修士、MBA。
三菱銀行（現三菱ＵＦＪ銀行）融資部企業コンサルティンググループ、㈱みどり合同経営専務取締役、東海大学教授を経て、現在、四国大学経営情報学部教授、㈱みどり合同経営取締役顧問。内閣官房、国土交通省委員等を歴任。

澤田兼一郎

中小企業診断士。第二地方銀行勤務を経て、現在、㈱みどり合同経営専務取締役。地域建設産業の経営支援アドバイザー（国土交通省／（一財）建設業振興基金事業）を務める。

萬屋　博史

会計学修士。上場精密部品メーカー経理部勤務、その後コンサルティングファームを経て、現在、㈱みどり合同経営取締役。地域建設産業の経営支援アドバイザー（国土交通省／（一財）建設業振興基金事業）を務める。

犬飼あゆみ

中小企業診断士。大手自動車会社のバイヤー（部品調達）として勤務後、現在、㈱みどり合同経営取締役。地域建設産業の経営支援アドバイザー・中関東地区エリア統括マネージャー（国土交通省／（一財）建設業振興基金）を務める。2017年建設産業政策会議委員（国土交通省）。

株式会社みどり合同経営

「事業」・「金融」・「会計」に精通したコンサルティング会社として、建設業をはじめ、様々な業種の中小・中堅企業のサポートを行う。「徹底して共に考えるコンサルティング」をモットーに、中小・中堅企業の経営戦略の立案から経営計画への落とし込みを行い、特にその実行段階での支援に定評がある。http://ct.mgrp.jp/

現場感覚に強いコンサルが教える建設業の事業性評価と課題解決

2020年3月16日　初版第1刷発行

著　　者　　藤　井　一　郎
　　　　　　澤　田　兼一郎
　　　　　　萬　屋　博　史
　　　　　　犬　飼　あゆみ
発　行　者　　中　野　進　介

発　行　所　株式会社ビジネス教育出版社

〒102-0074　東京都千代田区九段南 4-7-13
TEL：03（3221）5361（代表）　FAX：03（3222）7878
E-mail info@bks.co.jp　http://www.bks.co.jp

装丁・DTP／有留　寛　　　　　　　　　　　　　イラスト／斎藤史恵
印刷・製本／萩原印刷（株）
落丁・乱丁はおとりかえします
ISBN 978-4-8283-0801-2